红色广东丛书

杨匏安

张金梅 著

SPM
南方出版传媒
广东人民出版社
·广州·

图书在版编目（CIP）数据

杨匏安/张金梅著. —广州：广东人民出版社，2021.6
（红色广东·广东工农运动领袖）
ISBN 978-7-218-14853-3

Ⅰ.①杨…　Ⅱ.①张…　Ⅲ.①杨匏安（1896-1931）-传记
Ⅳ.①K827=6

中国版本图书馆 CIP 数据核字（2020）第 262457 号

YANG PAOAN

杨匏安　　张金梅　著

出 版 人：肖风华

责任编辑：夏素玲　谢　尚
责任技编：吴彦斌　周星奎
封面设计：河马设计　李卓琪
排版制作：邦　邦

出版发行：广东人民出版社
地　　址：广州市海珠区新港西路 204 号 2 号楼（邮政编码：510300）
电　　话：（020）85716809（总编室）
传　　真：（020）85716872
网　　址：http://www.gdpph.com
印　　刷：广东鹏腾宇文化创新有限公司
开　　本：787mm×1092mm　1/16
印　　张：10.75　　字　数：102 千
版　　次：2021 年 6 月第 1 版
印　　次：2021 年 6 月第 1 次印刷
定　　价：38.00 元

如发现印装质量问题，影响阅读，请与出版社（020-85716808）联系调换。
售书热线：（020）85716826

《红色广东丛书》编委会

主　编：陈建文

副主编：崔朝阳　李　斌　杨建伟　谭君铁

编　委：（以姓氏笔画为序）

王　涛　刘子健　肖风华　沈成飞

陈　飞　陈春华　林盛根　易　立

钟永宁　徐东华　郭松延　黄振位

曾庆榴　谢　涛　谢石南

总　序

百年征程波澜壮阔，百年大党风华正茂。习近平总书记在党史学习教育动员大会上指出："我们党的一百年，是矢志践行初心使命的一百年，是筚路蓝缕奠基立业的一百年，是创造辉煌开辟未来的一百年。"翻开风云激荡的百年党史，一代又一代中国共产党人，用鲜血和生命浸染了党旗国旗的鲜亮红色，书写了可歌可泣的历史篇章，铸就了彪炳史册的丰功伟绩。一百年来，党的红色薪火代代相传，革命精神历久弥坚，红色基因已深深根植于共产党人的血脉之中，成为我们党坚守初心、永葆本色的生命密码。

广东是一片红色的热土，不仅是近代民主革命的策源地，也是国内最早传播马克思主义、最早成立共产党早期组织的省份之一。在新民主主义革命的漫长历程中，广东党组织在中共中央的领导下，发动、组织和领导广东人民开展了一系列广泛而深远的革命斗争。1921年，广东党组织成立后，积极开展工人运动、青年运动，并点燃农民运动星火。第一、二、三次全国劳动大会连续在广州召开，全国工人运动的领导机关——中华全国总工会在广州诞生。中国社会主义青年团第一次全国代表大会在广州召开，促进了全国团组织的建立、发展。在"农民运动大王"彭湃领导下，农潮突起海陆丰影响全国。

1923年，中共中央机关一度迁至广州，中国共产党第三次全国代表大会在广州召开，推动形成了第一次国共合作，建立了国民革命联合战线，掀起了大革命的洪流。随后，在共产党人的建议下，黄埔军校在广州创办，周恩来等共产党人为军校的政治工作和政治教育作出了重要贡献，中国共产党也从黄埔军校开始探索从事军事活动。在共产党人的提议下，农民运动讲习所在广州开办，先后由彭湃、阮啸仙、毛泽东等共产党人主持，红色火种迅速播撒全国。1925年，广州和香港爆发省港大罢工，声援五卅运动，成为大革命高潮时期一个十分引人注目的重要斗争。1926年，在统一广东革命根据地后，国民革命军在广州誓师北伐，以共产党员为骨干的北伐先锋叶挺独立团所向披靡，铸就了铁军威名。在北伐战争胜利推进的同时，广东共产党组织和党领导的革命队伍迅速扩大和发展，全省工农群众运动也随之进入高潮。

1927年"四一二"反革命政变以后，广东共产党组织在全国较早打响反抗国民党反动派血腥屠杀的枪声，广州起义与南昌起义、秋收起义一起，成为中国共产党独立领导中国革命、创建人民军队的伟大开端。随后，广东党组织积极探索推进工农武装割据，在海陆丰建立第一个县级苏维埃政权，并率先开展土地革命，开启了中国共产党领导人民进行的最重大的社会变革。与此同时，广东中央苏区逐步创建和发展起来，为中国革命的发展作出了不可磨灭的贡献。1931年，连接上海中共中央机关与中央苏区的中央红色交通线开辟，交通线主干道穿越汕头、大埔，成功转移了一大批党的重要领导，传送了重要文件和物资，成为土地革命战争时期党的红色血脉。1934年，中央红军开始了举世瞩目的长征，广东是中央红军从中央苏区腹地实施战略转移后进入的第一个省份，中央红军在粤北转战21天，打开了继续前进的通道，成功走向最后的胜利。留守红军在赣粤边、闽粤边和琼崖地区进行了艰苦卓绝的游击战争，高举红旗永不倒。

抗战全面爆发后，中共中央和中共中央长江局、南方局十分重视和加强对广东党组织的领导，选派了张文彬等大批干部到广东工作。日军侵入广东以后，广东党组织奋起领导广东人民开展敌后抗日游击战争，成立了东江纵队、琼崖纵队、珠江纵队、广东人民抗日解放军、南路人民抗日解放军和韩江纵队等抗日武装，转战南粤辽阔大地，战斗足迹遍及70多个县市。华南敌后战场成为全国三大敌后抗日战场之一，党领导的广东人民抗日武装被誉为华南抗战的中流砥柱。香港沦陷以后，在中共中央的领导和周恩来等人的精心策划安排下，广东党组织冲破日军控制封锁，成功开展文化名人秘密大营救，将800多名被困香港的文化名人、爱国民主人士及家眷、国际友人等平安护送到大后方，书写了抗战史上的光辉一页。

解放战争时期，在中共中央的领导下，华南地区大力开展武装斗争，开辟出以广东为中心的七大块游击根据地，成立了中国人民解放军琼崖纵队、粤赣湘边纵队、闽粤赣边纵队、桂滇黔边纵队、粤中纵队、粤桂边纵队和粤桂湘边纵队等人民武装，其中仅广东武装部队就达到8万多人，相继解放了广东大部分农村，在全省1/3地区建立起人民政权，为广东和华南的解放创造了有利条件。在广东党组织的配合下，人民解放军南下大军发起解放广东之役，胜利的旗帜很快插遍祖国南疆。

革命烽火路，红星照南粤。广东见证了中国共产党从新生到大革命、土地革命，再到抗日战争、解放战争等革命斗争全过程。其间，毛泽东、周恩来、刘少奇、朱德、邓小平、叶剑英、彭德怀、刘伯承、贺龙、陈毅、聂荣臻、徐向前、李富春、粟裕、陈赓等老一辈革命家和李大钊、蔡和森、瞿秋白、陈延年、彭湃、叶挺、杨殷、邓发、张太雷、苏兆征、杨匏安、罗登贤、邓中夏、恽代英、萧楚女、阮啸仙、张文彬、左权、刘志丹、赵尚志等一大批革命先烈都在广东战斗过，千千万万广东优秀儿女也在革命斗争中抛头颅、洒热血，留下了光照千秋的革命历史和革命精神。广东这片红色热土，老区苏区遍布全省，大大小小的革命遗址分布各地，留下了宝贵而丰厚的红色文化历史遗产。

习近平总书记强调，中国革命历史是最好的营养剂。重温这部伟大历史能够受到党的初心使命、性质宗旨、理想信念的生动教育，必须铭记光辉历史、传承红色基因。我们有责任把党领导广东人民进行革命斗争的光辉历史和伟大功绩研究深、挖掘透、展示好，全面呈现广东红色文化历史，更好地以史铸魂、教育后人，让全省人民在缅怀英烈、铭记历史中汲取砥砺奋进的强大力量，让人们深刻认识红色政权来之不易，新中国来之不易，中国特色社会主义来之不易，确保红色江山的旗帜永远高高飘扬。

为充分挖掘广东红色文化资源的丰富内涵，我们组织省内党史、党校、社科、高校等专家学者，集智聚力分批次编写《红色广东丛书》。丛书按照点面结合、时空结合、雅俗结合原则，分为总论、人物、事件、地区、教育五个版块。总论版块图书，主要综述中国共产党在广东的革命斗争历史概况，人物版块图书主要讴歌广东红色人物，事件版块图书主要论说党领导广东人民开展革命斗争的历史事件，地区版块图书从地市和历史专题角度梳理广东地域红色文化，教育版块图书着力打造面向青少年及党员的红色主题教材。丛书以相关的文物、文献、档案、史料为依据，对近些年来广东红色文化资源研究成果做了一次全面系统梳理，我们希望这套丛书能为党史学习教育、革命传统教育、爱国主义教育提供重要内容支撑。

　　一切向前走，都不能忘记走过的路，走得再远、走到再光辉的未来，也不能忘记走过的过去，不能忘记为什么出发。站在"两个一百年"的历史交汇点上，我们要更加坚定自觉地学史明理、学史增信、学史崇德、学史力行，赓续红色血脉，传承红色基因，以一往无前的奋斗姿态、风雨无阻的精神状态，推动广东在全面建设社会主义现代化国家新征程中走在全国前列、创造新的辉煌。

　　　　　　　　　　　　　　《红色广东丛书》编委会

　　　　　　　　　　　　　　2021年6月

目　录

　　小学毕业后，杨匏安考入广州的广东高等学堂附中（今广东广雅中学）读书。杨母陈智变卖了家中的几亩地，才勉强凑够了杨匏安赴省城读书的经费。全家生计尚有困难，陈智却宁愿变卖家产也要供孩子读书，足见她对杨匏安学业的重视。懂事的杨匏安也更加珍惜来之不易的读书机会。

　　杨匏安第一次蒙冤入狱。三位血气方刚的年轻人被捕入狱后，他们的家人立即一同到县政府喊冤，揭发刘希明诬陷青年、贪赃枉法等事实。为了营救儿子，杨母陈智还自己写了诉状。迫于社会舆论的压力，香山县当局不得不将三人释放。事后，他们无法再回校教学，只好另寻出路。

一生，他的英雄事迹和不朽诗文，将永远存留在人民的心中，他坚定不移的革命信念和舍生取义的革命精神，将永远映照人们前进的路！

党和人民也没有忘记杨匏安。1986年，为纪念杨匏安烈士90周年诞辰，珠海市委、市政府为其竖立塑像。塑像由著名雕塑家潘鹤创作，耸立于海滨北路的香炉湾畔。

第一章

少年时代

杨匏安

一、北山村的贫苦少年

杨匏安，原名麟焘，又名匏庵、匏厂、王纯一，1896年11月6日（农历十月初二日）出生于广东省香山县南屏乡北山村（今属珠海市）一个没落的商人家庭。

南屏乡背倚将军山麓，与澳门一水之隔。自1553年葡萄牙人盘踞澳门以来，澳门逐渐成为一个对外贸易、多元文化融合的城市。凭借地缘优势，南屏乡乃至香山地区的人民，

南屏乡北山村杨匏安故居原址

在与澳门延绵不断地经贸往来和民间交往中，深受影响。人们耳濡目染西方文化，开化风气，越来越多人求新求变，通过贸易、务工、求学等途径开眼看世界。于是，香山县人文蔚起，涌现了一批爱国进步人士和工商业巨子，如中国民主革命先驱孙中山、近代史上首位留美学生容闳、近代启蒙思想家郑观应、中华民国首任内阁总理唐绍仪、中国近代医学家黄宽、夏威夷首位华人百万富翁陈芳等，他们或从事反清革命，或寻求实业救国，或向西方学习，都在试图改变落后的社会面貌。这批精英人物的崛起，并非偶然，而是这一地区的社会土壤在数百年间不断变化，力量不断积聚的结果。

在南屏乡，由于自然经济的逐渐解体，纯粹的农民越来越少，而从事小本生意、佣工、水手、买办等生计的人越来越多，他们对土地的依赖程度低，更有机会走向世界各地。杨匏安祖辈从商，经营茶叶、瓷器、布匹等，销路近则港澳，远则日本和南洋群岛等地。到了杨匏安的父亲杨富祥，因其不善经商，生意规模日渐缩小，后来还关闭了自家茶庄，到福建的茶庄当雇员。杨富祥也因蹉跎商海，郁郁不得志，在杨匏安少年时就病逝了。

杨匏安的母亲陈智，1870年出生于香山县三乡古鹤村望族。她自小幼随兄长在家塾读书，受过中国传统旧式教育，写得一手好字，还精通女红。与杨富祥成婚后，曾生育九个子女，但只养大杨匏安一人。由于丈夫早殁，人丁单薄，经济衰败，孤儿寡母常受族人欺压。陈智始终不卑不亢，夜以

生母陈智

庶母关秀英

继日地做女红，以维持生计。好在家中还有一位得力的帮手——关秀英，陈智才不至于不堪重负。关秀英出身于香山县一户贫苦家庭，原是陈智的陪嫁婢女，负责操持家里的粗活。农忙时，她还到外边打临工，贴补家用。她心性善良，勤劳纯朴，一直和杨家人在一起，是杨匏安的庶母。

19世纪末是中国饱受列强欺凌、内忧外患的年代。随着一系列不平等条约的签订，帝国主义列强在中国获得了更多特权，仅在杨匏安出生的1896年，清政府就先后与列强签订了《中俄密约》、中日《通商行船条约》和中法《滇越界约》等条约。中国沦为半殖民地半封建社会，人民忍受帝国主义和封建政权的双重剥削，苛捐杂税繁重，加之频繁的动乱和自然灾害的摧残，农村生活十分凄苦，杨匏安一家也日陷困顿。即使维持一家的生计困难重重，但对杨匏安的教育，陈智始终是尽心尽力、亲力亲为。作为杨匏安最早的启蒙老师，陈智不仅教他识文断字、背诵古诗词，还以身作则地教育他为人处世的原则，使得杨匏安自小就好学上进、爱憎分明。杨匏安的儿子后来回忆，祖母"经常教人不贪、不骗、不做损人利己的事；严格要求自己，犯了错误，要自请处分"。此后杨匏安一家人走上革命道路，与陈智的教导和熏陶有很大关系。在旧社会，两位无依无靠的妇人将杨匏安养大成人，并供他上学读书，其中的艰辛可想而知。

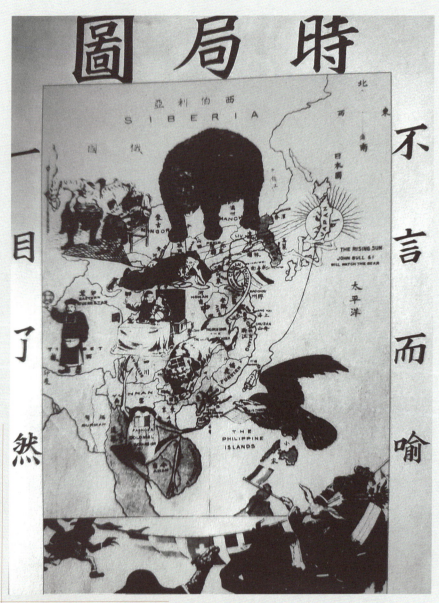

1898年爱国华侨谢瓒泰绘制的《时局图》

二、少年求学

　　童年时期，杨匏安被送往离北山村数里远的前山寨恭都学堂（今珠海市前山中学）读书。前山寨是明清时期设于香山县境内南部距离澳门20里远的一处城寨，用以防范葡萄牙人的前沿阵地。和他一起去读书的，还有族叔杨章甫。杨章甫，生于1894年，原名林祥，他的父亲杨训秩和杨匏安的祖父杨训常是堂兄弟。杨匏安与杨章甫年纪相当，他们一起求学、求职，之后还一起走上了革命道路。

　　恭都学堂的历史可以追溯到1754年创建的凤山学社，因坐落于凤凰山下而得名。1757年改名凤山书院。书院占地两万多平方米，内有广场、钟鼓楼等建筑，规模颇大。1901年，留日学生、维新派张玉涛（张寿波）等人回到家乡香山，主张凤山书院顺应历史潮流，改革旧学制，开设英文、格致科（自然科学）。1903年，凤山书院率先开设英文课，成为香山县最早开设英文课的学校之一。后来杨匏安入读，正是在这里打下了坚实的英文基础，为日后翻译西方著作提供了先决条件。

　　1904年，凤山书院改名为凤山公立小学堂（惯称恭都学堂）。1905年清政府废科举，各地遍设启蒙小学堂，恭都学堂得到香山县署的正式承认。至此，短短几年，学堂就经历了从尊孔读经到学习科学文化知识的转折。全新的学科及教学方式，改变了以往"两耳不闻窗外事，一心只读圣贤书"

清末民初凤山书院大门

的风气，学生们开始参与各种社会活动，成为"风声雨声读书声声声入耳，家事国事天下事事事关心"的积极分子。

这一时期，恭都学堂也是香山县宣传新思想的重要场所。早年间，同盟会已从澳门分部派了一批香山籍的会员到恭都学堂任教，以学校为同盟会的秘密据点。他们常鼓励学生立救国救民大志，引导学生追求进步。杨匏安耳濡目染，自小树立了报国之志。他也因此更加发奋地读书，各门功课成绩均列前茅，还曾获得学堂发放的每月数元的"膏火"奖励（即学校发给学生的津贴）。

小学毕业后，杨匏安考入广州的广东高等学堂附中（今广东广雅中学）读书。杨母陈智变卖了家中的几亩地，才勉强凑够了杨匏安赴省城读书的经费。全家生计尚有困难，陈智却宁愿变卖家产也要供孩子读书，足见她对杨匏安学业的重视。懂事的杨匏安也更加珍惜来之不易的读书机会。

广东高等学堂前身为广雅书院。1887年，清末两广总督张之洞为"砺士品而储人才"，在广州西村购地124亩筹建广雅书院。次年，书院正式建成，张之洞将其定名为"广雅"，取自"广者大也""雅者正也"，把培养学识渊博、品行雅正的人才作为办学根本。1898年戊戌变法后，广雅书院增设西学课程，收藏西学图书，是当时全省藏书最多的书院。1906年停招广西省学生，改称广东省高等学堂，并增设附中。1911年辛亥革命后，全国进行了一场新的教育改革，1912年又改称广东省立第一中学，开设国文、数学、物理、生物、化学、日语等数门课程，学制为四年。

名校必有名师。杨匏安在广东高等学堂附中就读时，先后由吴道镕、黄节等著名学者担任校长。吴道镕是清末大儒，广东番禺人，曾入翰林院，辞官后回广州从事教育事业，精工诗文，书法成就高。黄节是著名教育家、诗人，广东顺德人，被誉为"岭南近代四大家"之一，曾参与组织南社，以诗文宣传革命。后加入同盟会，以满腔政治热情写下大量爱国诗文。名师掌教，不仅使学校声名鹊起，也为社会培育了大批德才兼备的人才。这些名人大家的学问和处事原则对杨匏安产生了积极影响。学校中西并重的教学方法，使杨匏安打下了坚实的文史功底，诗文写作水平大为精进，科学思维能力也得到提升。

少年杨匏安求学的前后几年间，广东成为风云变幻之地。1909年，杨匏安的同族英豪杨应麟在北山村召集成立了"香山县勘界维持会"，同葡萄牙殖民主义作斗争；1910年至

广雅书院

1911年，革命党人先后在广州发动的新军起义和黄花岗起义，均因寡不敌众惨遭失败；辛亥革命胜利后，1911年11月广州光复，清政府在广州的封建统治结束，随后革命党人在广州组织了广东军政府；1912年，刘思复（师复）在广州创立晦鸣学社，这是中国第一个无政府主义团体，宣传无政府主义思想；1913年，袁世凯准备发动内战，消灭南方革命力量，孙中山等人又发起了二次革命，广东省议会发表《讨袁通电》；1914年，袁世凯废各省都督，任命龙济光督理广东军务，后朱执信等人商议"讨龙起义"……一幕幕政治风云激变，北洋军阀、立宪派和革命派在轮番登上中国政治舞台，相互斗争、相互抗衡，与之相对应的各种社会思潮也得到进一步传播和碰撞。杨匏安逐渐开始接触这些社会思潮，眼界大开。作为一名热血青年，此时的他也在苦苦思索，国家的出路到底在何处。

第二章

初入社会

一、正义青年首遭冤狱

杨匏安在广东省立第一中学毕业后，因家中经济困难，他无法再继续深造，便返回家乡担任母校恭都学堂的教员。刚踏出校门不久的杨匏安又再次走进学校，完成了从学生到老师的身份转变。面对新角色、新责任，杨匏安充满了信心和干劲。他见多识广又耐心细致，还很注重科学教学方法，受到学生和家长们的一致好评。他们亲切地称呼他为"先生仔"（小先生）。

阔别几年，恭都学堂的影响力也越来越大。1912年还发生了一件大事：5月27日，孙中山辞去大总统职位后，由澳门返回家乡翠亨村，专程视察前山地区。恭都学堂的师生和乡民数千人夹道欢迎，在恭都学堂学监（校长）刘希明的恭迎下，孙中山在恭都学堂操场即席发表演说，高度赞扬前山人民反抗外来侵略的精神，号召大家万众一心，实现共和，建设国家，保卫国土。孙中山还与师生以及前山各界人士在恭都学堂校门前合影留念。其后孙中山应刘希明和香港汇

前山中山纪念亭旧影

丰银行总经理、前山人刘伴樵的邀请，为前山群众筹建的中山纪念亭动土奠基，这是我国最早纪念孙中山的建筑物之一，也是恭都学堂师生倍感荣光的一件事。

杨匏安在恭都学堂任教的这段时间，他总是不能按时领到薪水，有时还被克扣。经过深入调查才知道是校长刘希明监守自盗，不仅克扣教师工资，还贪污学费拿去放高利贷。刘希明曾留学日本，参加同盟会，也曾胸怀报国之志，回国后先后担任过乡长、学监等职，还参与发动前山新军起义，为革命作出过贡献。但在辛亥革命成功后，他常以功臣自居，甚至欺压同僚、贪赃枉法。杨匏安知道实情后，与同校任教的杨章甫、一吴姓老师商量，决定向香山县教育局状告刘希明的恶行。但老奸巨猾的刘希明反诬三人结成团伙，图谋不轨，还收买了有关官员，把三人关进了监狱。这是杨匏安第一次蒙冤入狱。

三位血气方刚的年轻人被捕入狱后，他们的家人立即一同到县政府喊冤，揭发刘希明诬陷青年、贪赃枉法等事实。为了营救儿子，杨母陈智还自己写了诉状。迫于社会舆论的压力，香山县当局不得不将三人释放。事后，他们无法再回校教学，只好另寻出路。

揭发不成反入狱，正义的缺席和官场的腐败让年轻的杨匏安深感世态炎凉和社会的黑暗，开始转向对个人、对社会、对国家更深的关注和思考。

二、东渡日本眼界大开

1915年，杨匏安、杨章甫和吴老师一行在亲戚的帮助下，踏上了前往日本的货轮，来到了横滨谋求新出路。

横滨是当时日本最大的国际港口，又是旅日华侨最集中的地方。1895年，孙中山东渡日本，结识侨商共同设立了兴中会横滨分会。戊戌变法失败后，康有为、梁启超流亡日本，梁启超还先后在横滨创办了《清议报》《新民丛报》，介绍西方各国近代政治思想和学说，为改良活动摇旗呐喊。此外，改良派还在横滨创办了大同学校，建立新学制、讲授新知识，成为近代华侨学校之始。

许多香山人在横滨从事贸易工作。吴老师就有一位亲属在横滨做生意，他们三人此行正是为投奔他而来，想请他帮忙介绍工作。但这位亲属听说他们被控"图谋不轨"坐过牢，就只留下了吴老师，将杨匏安和杨章甫拒之门外。两人远在异国，人生地不熟，万般无奈下只好来到中华会馆求助。

在中华会馆的帮助下，他们终于找到一间房租便宜的小阁楼安顿下来。由于没有熟人介绍，他们找工作处处碰壁，又没有钱进学校，只能打点零工，同时靠典当及出售所带的书籍度日，常常支付不起房租。后来，他们又自编油印刊物《如此》，上街出售，控诉家乡军阀豪绅的罪恶和自己由于揭发校长贪污而被诬陷入狱的遭遇。

20世纪20年代的日本街头

　　杨匏安租住的小阁楼附近有一间女子私塾，塾长（校长）叫潘雪簑，广东南海人，是康有为堂弟康有制的遗孀。她听说杨匏安和杨章甫在家乡蒙受不白之冤的境遇后，十分同情，还介绍学生去购买他们编写的《如此》。由于彼此爱好诗词文学，杨匏安与潘雪簑成为忘年之交。潘雪簑也经常邀请他们叔侄俩到家中，聊诗词歌赋，论时事政治，谈家国情怀，两位年轻人也因此受益匪浅。时间一长，杨匏安与潘雪簑的儿子康佛、女儿康景昭（康若愚）的友情也日渐笃深。1915年，同样爱好诗词古文的康佛还写了《虞美人·赠杨匏安》一词：

　　　　天涯听曲怜焦尾，傲骨真人子。小楼歌哭总相关，寄语唐衢莫个泪澜翻。
　　　　玄黄龙战天如醉，禹域狮方睡。春雷何日奋强音，惊破沉酣一试伯牙琴。

　　词中，康佛称杨匏安为"傲骨真人子"，体现了他对杨匏安的欣赏之情。第一句的"焦尾"为古代名琴，与最后一句的"伯牙琴"呼应，寓意二人真挚的友谊。第四句提到的唐衢是唐中叶的诗人，屡考进士不中，诗作大多伤感，人称"唐衢善哭"。"禹域狮方睡"指代中国这头雄狮正在沉睡。康佛鼓励杨匏安不要像唐衢一样"泪澜翻"，而要"奋强音""惊破沉酣"，振作精神，为唤醒雄狮而努力。

　　之后，杨匏安回赠《虞美人·和康佛》一词：

冲流自惜赪鲂尾，白眼无余子。小楼门设也常关，知己天涯，谁复恨虞翻。

醽醁处处人皆醉，懊恼和衣睡。广陵今日有知音，累得阿侬重理旧时琴。

杨匏安这首回赠词与康佛词作每一联尾字都是相同的，可见其写作之精心构思。第一句中"赪鲂尾"指鲂鱼奋力游动使尾巴变成红色，形容人负担过重。前两句的意思是经常怜惜自己困苦劳累，也常遭受目中无人之人的白眼。第四句中的虞翻是三国时期的吴国官员，多次向孙权进谏，不被重用。"处处人皆醉""懊恼"透露着杨匏安对祖国境遇的忧虑和对自己现状的不满。好在有康佛这样的知己好友，可以畅叙衷肠，也不至于太孤寂。

在异国他乡，杨匏安的生活时常捉襟见肘，但他仍坚持不懈地学习。他的日文在国内上学时已有基础，到横滨后不久就能自如地阅读日文书籍了。经过19世纪60年代开始的明治维新，此时的日本已成为亚洲第一个走上工业化道路的国家，逐渐跻身于世界强国之列。19世纪末，包括马克思主义在内的各种西方思潮开始传播到东方，日本是最早接触这一思潮的国家。身在改革巨变的社会环境中，闻所未闻和见所未见的新学说常常令杨匏安感到新奇，他也常去图书馆和书店搜求并研读有关政治、经济、哲学和美学等方面的书籍，这就为他日后回国发表大量译著打下了基础。后来康景昭在《杨匏安小传》中

杨匏安的义妹康景昭

也回忆说：杨匏安初到横滨时，常与国内的无政府主义者通信，以后整日跑书店阅读马列主义的日文译本。

1916年秋，潘雪篯患病，请杨匏安帮忙到私塾代课。岂料潘老师竟一病不起，临终前，她托杨匏安照顾康佛、康景昭兄妹，便溘然长逝。之后，杨匏安奉母命匆忙回国，将在日本如何受潘雪篯一家照顾、又受临终托孤一事禀报母亲陈智。陈智写信邀请两兄妹回国，他们回国后拜陈智为义母，后来也走上了革命道路。这是后话。

三、在澳门从教和诗文创作

1916年底，杨匏安从日本返回家乡，遵循"父母之命，媒妁之言"，和香山县翠微村的吴佩琪结了婚。吴佩琪家原是乡中望族，后来家境渐差。她虽文化程度不高，但性格温和，善解人意，擅长女红。婚后不久，杨匏安经熟人介绍到澳门印刷铺老板陈立如家中当家庭教师。为了更好地照顾家庭，杨匏安把母亲和妻子接到澳门，还将失去母亲的堂弟杨应广（杨青山）带在身边，好让他接受教育。

杨匏安到澳门不久，与教育界、文化界人士交往，认识了同是广东籍的诗人群体：冯秋雪、赵连城、贺无庵、莫运公、黄沛公（黄沛功）等人，他们常在一起雅集畅游，吟诗

杨匏安的妻子吴佩琪

作对。冯秋雪早年加入同盟会，是澳门著名文学团体"雪堂诗社"的发起者。诗社定期开展诗课，编辑月刊《诗声》，藉诗词宣传国粹，成为当时澳门文坛一道亮丽的风景线。冯秋雪还曾在广东省立第一中学读书，是杨匏安的校友。黄沛公、莫运公、贺无庵等人也善工诗词，常在《诗声》上发表作品。他们以强烈的爱国情怀，为促进澳门文化发展作出了重要贡献。

这一时期，杨匏安与众多同好在一起登山、畅饮、作诗，工作之余的生活比较丰富。下面两篇诗作正是杨匏安后来发表在《广东中华新报》上的澳门诗作，均为写景抒情之作，可以窥见当时杨匏安的生活状态。第一首，《登东望洋山同沛功粟一分韵得洋字》：

> 天风浩浩水汤汤，跂石攀松看夕阳。
> 几片风帆成点缀，半间茅屋寓沧桑。
> 颇嫌啼鸟催诗急，却讶归云袭袂凉。
> 自分凿坯栖隐去，壮怀收拾叹茫洋。

这是杨匏安与诗友沛功、粟一登东望洋山后所作。东望洋山又名松山，清代同治年间山上遍植苍松，苍翠欲滴，像一颗绿宝石镶嵌在澳门的东部。诗中"跂石攀松"，正是坐在石头上看这满山的苍松之意。东望洋山也是澳门最高的山，耸立于山顶的炮台、圣母雪地殿和灯塔被誉为"松山三古迹"，百余年来仍为澳门重要的休闲旅游地。"颇嫌啼鸟催诗急"借鉴了宋代诗人史常之《游山》中的"满林啼鸟似催诗",有登高看到美景后的轻松愉悦之情。尾联称"凿坯栖隐",似有隐居不仕之意,但忍不住"叹茫洋",可见杨匏安还是不甘心就这样不问世事。

第二首《消夏》:

> 春衣典尽觉身轻,日日江头著屐行。
> 不作词人防感喟,偶同渔父话虚盈。
> 人闲只合看云坐,世乱聊为带雨耕。
> 我已无心问哀乐,残蝉何事倚高鸣?

"春衣典尽"指的是春天的衣服都拿去典当了,形容生活拮据,反觉得一身轻,每日穿着木屐到海边散步。"不作词人"是为了防止自己感叹发牢骚,偶尔同渔夫闲聊事物的兴衰成败。"带雨耕"表达的是杨匏安对天下太平、人们安居乐业的期待,而"只合看云坐""无心问哀乐"又有避世之意,体现了他矛盾的心态。

在澳门时,杨匏安开始向杂志投稿。选题方面,首先引起他关注的是日本心理学研究成果。19世纪80年代至20世纪初,是日本心理学的奠基时期,有大量心理学方面的著作问世。杨匏安节译了市村氏的"变体心理之研究",以《原梦》为题,发表在1917年10月15日出版的《东方杂志》第14卷第10号上。这也是至今查找到的杨匏安最早刊发的文章,发表时署名"匏厂"。(按,"厂"是"庵"的古体字,用于人

20世纪20年代澳门街景

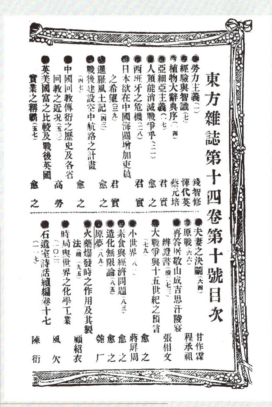

《东方杂志》第14卷第10号目录

名时读"ān"，意思是山石的厓岩，人可居住的地方。）

《东方杂志》是我国近代影响很大的百科全景式期刊，创刊于1904年，1948年终刊，宣称以"启导国民，联络东亚"为宗旨，是商务印书馆主办的标志性刊物。梁启超、王国维、严复、黄遵宪、张謇、蔡元培、鲁迅、陈独秀等著名人士都曾为该刊撰稿，可谓"澎湃学门，大匠如云"。杨匏安翻译的《原梦》得以在《东方杂志》发表，可见其选题切中杂志宣传新思想的需求，且说明他日文翻译水平较高，行文流畅。

《原梦》一文，从"睡眠""梦及梦中意识""结梦之原因""梦与凶吉豫知"四方面对梦做了简要分析，还转录了德国心理学者雍克博士有关"梦与精神病之关系"研究的概况。杨匏安翻译不拘泥于日文直译，还与我国实际情况相结合，如译文中提及做梦能否预知吉凶时，他就结合民间的周公解梦文化加以说明。

无独有偶，与《原梦》同时发表在《东方杂志》"内外时报"栏目中的一篇名为《晕船之原因》的文章引起了杨匏安的注意。这篇文章可能是从其他的科学杂志中摘录而来，作者不详。文章从耳朵构造入手，延伸生物学知识，较科学地解释了晕船的原因。杨匏安读后，认为这篇文章仅分析了晕船的原因，却没有介绍防止晕船的办法，所以着手写作一篇文章介绍防晕办法。当时交通不够便利，许多交通工具未普及，加之船票价格也较低廉，人们远行较多选择乘船，晕船是比较常见的现象。可见，这篇文章是侧重于实用性的。半年之后，这篇名为《晕船之防止法》的文章终于在1918年5月15日《东方杂志》第15卷第5号上发表了。文中，杨匏安结合自身经验列举了包括选择大船、船启动后不要马上到仓房休息、乘船前几日要休息好、船上不可吃太饱、行走时要缓慢等15种方法，还提到他乘船过台湾海峡时遇到一位少年在健步甲板行走后呕吐狼藉的情况。用现在的标准看，他分享的方法大多有一定合理性，也有未必科学有效的土法配方，但仍可见年轻的杨匏安善于观察和总结经验，也愿意花精力研究普通人关心的问题。

杨匏安在澳门生活了一年多，长子杨文达出生后，家里的经济压力更大了。虽然他当家庭教师的工作很出色，也获得了雇主的肯定，但薪金也仅够维持全家的生活开支。其间，康景昭也从日本来到澳门，她在澳门的一个大赌商家担任家庭教师，后又在张玉涛家中教学生。张玉涛原是康有为的弟子，曾担任日本神户同文学校学长，与康景昭父母相识。为了补贴家用，康景昭教杨家的女眷做日本纸花，拿到市场出售。虽然生活不宽裕，但一家人生活稳定，这也是杨匏安难得平静的一段岁月。

＊ 專 著 ＊

青年心理學（一）（匏庵）

第一章　緒論

青年心理學者○○所以研究青年期內
之精神狀態者也○○故立說之始○須
確定其所謂青年時期○○禮云人生十
年曰幼學○○二十日弱冠○○三十日壯
有室○○四十日強而仕○○然則自幼至
壯○○殆可謂爲青年期矣○○美國學者
山爾氏○○嘗就心理學上畫分人生各
種時期○○乃定青年期爲十年○○蓋由
十五歲以至二十五歲是也○○此外如
德人弗嘉斯達氏之說○○則謂由十三
四歲○○至二十一歲○○法人哇里阿氏
○○更分之爲兩期○○第一期由十四歲
至二十一歲○○第二期由二十一歲至
二十八歲○○如上所述○○至各不同○○
今折衷衆說○○定男子青年之期由十
四五歲以至二十五歲○○女子長育較
早○○當在十四歲至二十二三歲之間
○○大抵自奉情發勤期起○○以至身體
完全發育之日○○乃青年期也○○

一、到广州重执教鞭

1918年初，杨匏安举家迁到广州，居住在司后街杨家祠（今越华路116号）。杨家祠是香山县南屏乡北山村杨氏家族在广州设立的宗祠，也是杨氏子弟到广州谋取功名读书之寓所。为纪念北山杨氏太祖杨泗儒，杨家祠又叫"泗儒书室"。之后杨匏安一家在杨家祠断断续续住了将近十年。

最初，杨匏安在时敏中学担任国文教师兼教务主任。时敏中学前身为创办于1898年的时敏学堂，它有别于传统私塾，更多采用国外新式的教育理念，吸引了广东省内外的有志青年前来就学。1905年，时敏学堂改名为时敏中学堂，成为广州最早的私立中学堂。1912年，校名改为私立时敏中学。由于办学经费不足，时常拖欠教师薪水。这时，杨家一大家人的生计都靠杨匏安微薄的薪资维持，常常入不敷出。后来他开始在《广东中华新报》上发表文章，用稿酬补贴家用。

《广东中华新报》是五四时期广州一家规模和影响较大

杨家祠旧影

的报纸，创刊于1916年底，社址设在广州西关。该报标榜"宗旨为大国家主义，大民党主义……无偏党之意见，而有稳健之态度"，曾多次转载蔡元培、李大钊、胡适等人的文章。报社社长容伯挺为广东新会人，早年赴日本早稻田大学留学，加入同盟会日本分会，开展革命活动。主笔陈大年，广东南海人，民国初期因在报上发表反对袁世凯的言论被通缉，后赴日本的法政大学攻读法律，于1916年回到广州当执业律师。1918年，容伯挺力邀陈大年担任《广东中华新报》主笔，陈大年欣然应允。陈大年提出"业报纸者，知自己有指导社会之责"，"办报，言人所不敢言"。在陈大年的邀请下，杨匏安开始频繁在报纸上发表文章。

1918年三四月间，杨匏安在《广东中华新报》发表了《黠医》《印人》《窃疾可医》《义妇岭》《智妇》《画史机妙》《英王之辞令》《远识》《王呆子》等十余篇笔记、散文、小说。大部分文章短而精，以介绍国外的小故事为主，闪耀着智慧的火花。

例如《黠医》，说的是法国国王路易十一世年老时，整天担心死之将至，对身边人十分粗暴，动辄打骂，只有名为贾智以的御医备受优待。国人百思不得其解，原来是路易十一世曾要求贾智以占卜问命运，贾智以说，根据星象显示，他会比陛下早死三天。之后国王便不再忧虑自己的死期，只要让贾智以延年益寿就可以了。又如《智妇》，说比利时国有位农夫，在临死之际对其妻子说，他死后把家里的一只狗和一匹马卖了，卖马钱给族人，卖狗钱就留给妻子。妻子料理完丈夫的后事之后，就拉狗和马去市场出卖，马标价5法郎，狗标价500法郎，要求买马必须先买狗，人们都觉得奇怪。后来有人一起买了马和狗，妇人便把卖马所得分给丈夫的族人，而卖狗所得则留给自己。

其中有些小故事也有可能是经过杨匏安改编。比如《远识》，说的是苏格拉底的徒弟柯西比耶德斯（阿尔基比阿德斯）性格温和，常被人称赞，他曾养了一条狗，狗尾巴尤其漂亮，但有一天他突然将狗尾巴砍掉。人们都说他残忍，他却说砍掉狗尾巴虽然可惜，但有比狗更重要的事情——如果有人为了偷狗而不惜犯罪，我就更不忍心啦。实际上，古典作家曾经对柯西比耶德斯砍掉狗尾巴一事有过记载，据说当时几乎所有知道此事的雅典人都不满其残忍行为，而他却大笑道："这正是我想要的，我想让整个雅典都去谈论它，这对我来说没什么坏处。"本质上是一种哗众取宠的行为，并非这篇小故事的文末点出的"君子务大不屑小"之意。

这一时期，杨匏安发表的一篇文言小说《王呆子》具有反封建的意义，这篇文章也为历来研究者所重视。这是杨匏安于1916年从日本返回家乡后，"寻旧闻，访近事"时，从友人口中听到的关于王呆子为其父姐复仇的故事。王翁夫妇是种菜养猪为生的农民，有一儿一女，女儿名为阿珠，儿子绰号为王呆子。有一年旱灾，王家种的菜都枯萎了，王翁的妻子得了急性传染病去世。因菜地没有收成，家业已毁了一半，王翁没钱给妻子下葬。他走投无路就向乡中富人郑氏借贷。郑氏是屠夫起家，后来又从香港、澳门买回洋烟，诱导乡人吸食，还设赌场，大行不义之事。这次郑氏借给王翁的是高利贷，利滚利，不仅逼死了王翁，还抢走了阿珠。阿珠被迫到郑家后，被善妒的郑氏小妾私用酷刑毁容，最后折磨致死。而面对将父、姐迫害致死的郑氏，王呆子却十分恭敬，他还说，要不是郑氏，父母和姐姐都要曝尸荒野。他甚至自愿到郑家当佣人。乡亲们都觉得王呆子没良心，看不起他。由于王呆子勤劳干练，且性格柔弱，慢慢获得了郑氏的信任。第二年清明节，王呆子随郑氏父子进山扫墓，趁郑氏跪拜之时，举锄头将其打死，还取出郑氏的心脏哭着喊父母和姐姐的在天之灵，说"大仇复矣"。王呆子又对早已吓得惊魂四散的郑氏之子说，你父亲恶贯满盈本来不应有后代，但我不像他那样凶残，今天就放你一条生路。之后他将孩子绑在一棵树上，独自走入山林，不知所踪。一年后，人们才知道王呆子已入山为盗，以有不义之财的富人作为偷盗对象。杨匏安在小说结尾写道：

　　论曰：豫让吞炭，渐离击筑，悲且壮矣！然兹二人，国士也，其为此固宜。若王呆子者，阘茸猥琐，未尝闻古义，乃驱于天性，激于怨毒，忍死含垢，卒推刃仇家，其愚（义）宁可及哉！郑氏多行不义，丧身竖子之手，其货财妄媵，后且皆不能保；君子于此，窃有感焉！

　　这里所说的"豫让吞炭""渐离击筑"都是春秋战国时期的典故。豫让是晋国人，晋国大臣智伯瑶的家臣。智伯瑶在战争中身亡后，为给智伯瑶报仇，豫让用黑漆涂满全身，又吞炭变成哑巴，想伪装自己来暗杀仇敌。但刺杀未遂反被捕，最后自刎而死。渐离是燕国人，擅长敲击一种形似筝、名叫"筑"的弦乐器。他在击筑时刺杀秦始皇，失手后反被杀。自古燕赵多义士，杨匏安赞叹豫让和渐离为"国士"，王呆子虽然没有听过这些义士的故事，但受天性驱使最终手刃仇人，其精神也是可以与国士的行为媲美的。王呆子最终落草为寇，成为悲剧式人物。而郑氏多行不义而死于王呆子之手，最后妻妾孩子和财物都不保，令人感慨。

　　在这篇小说发表前后，正是新文化运动之风吹遍广东之时，新文化运动的倡导者把攻击的矛头指向了封建主义。文中可见，杨匏安开始注意到农民的力量，他抒发了对被压迫者的同情，最后将反对剥削的愿望落到个人复仇行动上，显示了他早期受过无政府主义思潮的影响。20世纪初，无政府主义在广东的知识分子中有相当影响力，刘思复等人除宣传发动群众外，还投身于秘密刺杀活动，企图以个人的刺杀行动为民除害，警醒社会，推动革命。此时的杨匏安还未认知真正适合中国发展的思想和道路。

二、笔耕不辍善写诗

刚来广州的这一年，"自幼颇有诗癖"的杨匏安经常有诗作发表。

20世纪初，在教会女校的示范和带动下，广州民间自办女学逐步兴起。位于西关宝华大街的广州私立道根女子师范学校，是当时著名的女校之一。此时，杨匏安的义妹康景昭在道根女校担任教职，后又升任校长。为支持康景昭的工作，杨匏安受学校创办人陈道根和教务主任黎演荪（黎宝书）之邀到该校讲授诗词。

为了在道根女校讲好诗词课，杨匏安还精心挑选整理了一些诗词发给学生阅读，并写成《诗选自序》附于诗词选集之前。由于《诗选自序》是在女校的讲稿，杨匏安特地多处提到了女性在诗词中的重要作用，说"女子善怀，岂须眉所能胜"。此处"女子善怀"出自《诗经》中"女子善怀，亦各有行"，指女子虽多愁善感，但亦有其思想和做人准则。杨匏安认为，古时候文教修明，即使是乡野村妇也文辞丰富，《国风》中的半数诗歌都是妇女之诗，这是女子创作的繁盛之时。到乱世之时，女子写的诗也不乏有风范的作品，既情深意长，又有铿锵之势。可惜后来灵光也慢慢熄灭了，女子又普遍较少受教育，诗作也不复往日繁荣。

杨匏安在自序中介绍了古诗词的起源、诗风变迁、诗的教化作用。他认为写好诗词不仅要重视文辞，还要讲道德，提出"无德固不足以为学，不学又无以辅其德"，两者兼顾不可偏废。进而阐述了对好诗词的理解：

> 诗文一道，首贵无俗气。外质中膏，声希趣永者，上也。然欲诗文之无俗气者，必其人先无俗气；外欲其人之无俗气者，则举凡流俗所趋之事，非斥去不可。能如是，而更取古人醇雅之作读之，朝夕如揖古人，心静则识明而气自生，古人之境不难到也。

由诗及人，"人无俗气"，斥去"流俗所趋之事"，也正是杨匏安的人生准则。之后杨匏安将《诗选自序》分两次发表在1918年4月29日和30日的《广东中华新报》上。

这一时期，杨匏安在《广东中华新报》发表了若干诗词，除了前文所述的杨匏安在澳门时写的旧作，还有不少是他在广州生活的写照。

在时敏中学授课时，杨匏安常与贺无庵、孙都休两位志趣相投的同事在一起。贺无庵原是广州西关世家子弟，曾在广西等地做过几任中学校长，时任时敏中学学监，是杨匏安在澳门时认识的诗友。孙都休是外省人，擅长作画。他们常在课余时到学校附近的荔枝湾划艇、散步，吟诗作赋。他们的诗作也经常同时发表在《广东中华新报》上。比如1918年5月28日杨匏安发表的《泛舟》：

> 荔子湾头日欲低，棹歌轻发水禽啼。

扁舟逐向深烟去，小树长教万绿迷。

霸气已沉文物改，云流垂尽管弦凄。

天心厌乱人思乐，底事春城尚鼓鼙？

前四句写景，说的是傍晚时分，杨匏安与友人在荔子湾（荔枝湾）划船游玩的情景。后四句抒情，表达的是对旧社会、旧制度的抨击："霸气已沉"的旧制度已经失去活力，到了改弦更张的时候，就像低垂的流云和管弦乐器发出的凄凉之声。上天都厌倦了动乱，人们更是期盼平安喜乐，但为何还在擂击战鼓？

同日，贺无庵也发表了一首《和匏公韵》：

乡国归来日，相逢岂偶然。

旧吟灯下忆，清话酒边传。

杨柳过春暮，云霞入海天。

怀人共今夕，问讯到枯禅。

这首诗体现了贺无庵与友人杨匏安在广州重逢的喜悦之情，大家在灯下一边饮酒一边回忆澳门往事。

这一年秋天，杨匏安因为工作压力大，身体不堪重负而生了一场病，病愈后贺无庵前来探望，二人一起到荔枝湾散步。杨匏安将当日在柳堤散步的情形写成七律诗《秋夜同无庵闲步》：

荔枝湾旧影

> 拂面西风病乍苏，柳堤行尽屐声孤。
> 大江潮涌初圆月，浅渚秋惊熟睡凫。
> 借次清霜坚傲骨，拼将浊酒斗孱躯。
> 多时不作还乡梦，旧种黄花尚有无？

年轻的诗人心态是感性复杂的。"坚傲骨""斗孱躯"体现了杨匏安不服输的信念和决心；"还乡梦""旧种黄花"表达了他的思乡之情，也透露出逃避世事的烦闷心态。这首诗后来发表在1918年9月25日的《广东中华新报》上。之后，贺无庵先后作《和匏公韵》《叠秋夜同无庵闲步韵》《叠前韵》《再叠前韵》四首律诗，回应杨匏安的诗作。他还在第二首诗末附注称："今岁同居时敏中学，朋辈颇羡其得胜地也。"可见，那年杨匏安与贺无庵等人居住在时敏中学教职工宿舍时，经常在夜幕中闲庭信步于荔枝湾，欣赏"今夜荔枝湾外月，笼烟抹水淡如无"的景色。

同年12月3日，杨匏安发表五言律诗《同无庵都休饮酒》，孙都休又发表《小雪又一日，无庵、匏安有作，余诗后成》。这年的除夕，杨匏安还留校陪未返乡的孙都休守岁，写下《除夕赠都休》一诗。这几位志同道合的同事在一起，忙里偷闲别有一番情趣。

1919年，24岁的杨匏安对世事的看法似乎有所转变。随着年岁的增长和人生经历的变化，他变得更加坦然，消极心态少了几分。为此他专门写了首题为《二十四初度》的诗作，后来发表在1月13日的《广东中华新报》上：

> 朝来妇子共嬉嬉，病起犹堪进一卮。
> 堕地孰教成鞅掌？全天吾与学支离。
> 栖心莫梦藏隍鹿，袖手休弹覆局棋。
> 喜奉高堂班果饵，偏将此日忆儿时。

　　杨匏安难得在诗词中提到家庭生活，"妇子共嬉嬉"，"喜奉高堂"，一幅三代人和睦有爱的生活图画就勾勒出来了。"鞅掌""支离"又表达了以带病之身，兼职两份工作的忙碌与穷困和不问世事的沮丧心情。"藏隍鹿"的典故源于《列子》，说的是一位郑国人上山砍柴的时候打死了一只鹿，担心被其他人发现，就把鹿藏在城壕里，盖上叶子，但不久后他居然忘了鹿的隐藏之地，就如一场梦。"莫梦藏隍鹿"，"休弹覆局棋"体现了杨匏安为人处世要踏踏实实、勤勤恳恳的思想。这篇诗作也是现在所见的杨匏安发表在《广东中华新报》的最后一首诗。

三、兼职记者介绍新学说

　　1919年春夏间，杨匏安辞去时敏中学的教职，在《广东中华新报》担任记者，同时到南武中学和广东省立第一甲种工业学校兼教职。南武中学前身是1905年由南武公学会创办的南武两等小学堂，1912年更名南武中学，是当时最有名的

南武中学

广东省立第一甲种工业学校（后更名为广东省立工业专科学校）

私立学校之一。省立第一甲种工业学校的前身是广东省长公署于1918年批准设立的广东工艺局附设工业学校，是当时广东省立的唯一一所工业学校。自成立以来，培养了许多革命人才，阮啸仙、周其鉴、刘尔崧（刘尔嵩）、张善铭、周文雍等革命家均出自该校，被誉为"红色甲工"。

1919年3月，杨匏安在《广东中华新报》发表《永久之平和果可期乎》一文。此文也是目前所知杨匏安在公开刊物上发表的第一篇政论性文章。他已开始用科学的辩证法来看待国际局势，分析战争与和平的问题，体现其远见卓识。

这篇文章的写作背景是：20世纪初，随着西方资本主义国家经济实力消长的变化，一些后起的帝国主义国家要求打破原有的国际政治经济格局，重新划分势力范围。随着各国矛盾激化，从1914年到1918年，进行了一场史无前例的世界大战。"伏尸流血者一千八百余日，举世为之抢攘，盖史乘所未有之奇祸也。"大战刚结束不久，世界面临建立新秩序。

杨匏安敏锐地意识到第一次世界大战后的平和只是暂时的。如果战后各国的重要利益处理不当，那么遗留的问题甚至会比当初的战争导火线更严重。他认为，国际联盟号召国家之间和平相处的作用是有限的，因为国家之间不以道德为上，否则第一次世界大战就不会爆发。

平心而论，国际间之事诚有不能律以伦理道德者，盖国家亦一种之有机体，究不脱生存争竞、优胜劣败之原则，由是而搏击诈劫之事终难望其废止。今次之大战可为明证。使协商诸国，果重人道而保平和，德人虽无理启衅，亦不宜应战。

接着，杨匏安指出，标榜和平主义的英、法、美等国，之所以投入战争旋涡，是国家利益关系使然。人们都知道，在巴尔干半岛发生的萨拉热窝暗杀事件是此次战争的导火索，虽然战争已结束，但利害问题却没有解决。即使国际联盟成立，虽享有一时和平，难保不再起纷争。看到战争带来的人间悲剧，人心厌战，都期待国际联盟能够早日成立，但国际联盟成立后，就认为永久平和之幸福将随之而至，恐怕也无法令人信服。进而，杨匏安一针见血地指出了获得真正的和平的办法：

> 盖欲图真正永久的平和，须先泯灭一切种族偏见及破除宗教之人我执，一视同仁，强弱相扶，贫富相济，必待国际的生存之意义毕竟完成，夫然后永久平和庶几可期矣。不然若今日仍以有色人种之名，而凌虐亚细亚及非洲诸族，或以异教之故，务排斥基督化外之民，一若天经地义，行所当然者，如此而欲平等大同，非欺人之语，则亦徒托空想焉耳。

破除一切种族偏见、破除宗教争端，不以有色人种之名凌虐亚洲及非洲的国家，不因信仰不同而遭排斥，这段精彩的论述放眼今日的世界局势也同样适用。

最后，杨匏安提到了自1919年1月开始召开的巴黎和会。这是第一次世界大战的战胜国在法国召开的和平会议。杨匏安发表这篇文章是3月份，会议结果尚无定论，因此十分关心会议的结果如何，"心悬悬而不能释"。他指出，在会议结果还不得而知的情况下，于狂喜之下断言世界即将和平，或者乐观地认为所谓民主主义已获胜，未免言之过早。

历史证明杨匏安的忧虑是正确的。巴黎和会实际是由英、法、美、日、意五个帝国主义国家操纵的安排战后世界秩序的会议，是一次帝国主义的分赃会议。由于这些国家都想攫取更多利益，进一步削弱争霸对手，彼此矛盾重重，斗争激烈，故巴黎和会持续了半年之久。参加此次会议的中国代表为改变国家在国际上的不平等地位，提出了废除外国在中国的势力范围、撤退外国在中国的军队和巡警、撤销领事裁判权、归还租界、取消中日"二十一条"等正义要求，但均遭到拒绝。会议甚至同意将战前德国在山东的特殊权益转让给日本。北洋政府屈服于帝国主义的压力，居然准备在巴黎和会上签字。真是弱国无外交！在和会上外交失败的消息传来，国内群情激愤，五四爱国运动如火山爆发一般地开始了。一场新的伟大的反帝反封建斗争也拉开了帷幕。经过艰苦斗争，1919年6月28日，中国代表终于没有出席和会的签字仪式。这是后话。

《永久之平和果可期乎》最末一句"若夫念及太平洋之将来，则吾人尚难高枕而卧也"，也再次被历史证明：1931年

巴黎和会会场

9月18日，日本炸毁沈阳柳条湖附近的南满铁路路轨，并栽赃嫁祸于中国军队，挑起长达14年的侵华战争。1941年12月7日，日本偷袭美国太平洋海军舰队基地——珍珠港，太平洋战争爆发。战争最后以1945年8月15日日本宣布投降结束。战争带来的伤亡和损失难以胜计，或许杨匏安当时也未曾想过"太平洋之将来"是如此这般。及至和平年代的今天，亚洲地区和太平洋沿岸地区的局势仍然无法令人"高枕而卧"。这是杨匏安的洞见，更是今人应"悬而不能释"之事。

再说五四爱国运动，这是一场以学生为先导的斗争。数十万学生英勇地走在运动的前沿，成为急先锋。此时，广东高等师范学校等数所学校的学生联合成立了广东省学生联合会，积极开展反帝爱国的宣传活动。他们游行示威、罢课、请愿，向全国通电，召开大会悼念五四运动牺牲的北京大学学生郭钦光，他们正凝聚着更大的力量。

这时，杨匏安作为一名仍在学校兼课的教师，如何更好地了解、引导青年人，成为他当下最关心的问题。因此，1919年5月21日至6月27日，杨匏安在《广东中华新报》连续发表了《青年心理学》（后改称《青年心理讲话》）一文。

撰写《青年心理讲话》时，杨匏安参考了美国、日本、法国、德国等国家有关青年心理学、普通心理学和社会心理学的研究成果，并结合中国国情，加以融汇阐述。文中，杨匏安对青年人的特征作了详细分析，进一步强调了个性教育、因材施教的重要性。由于当时我国学校还没有实验器械来测

五四运动学生游行

※ 專 著 ※

青年心理學（一）（匏庵）

第一章　緒論

青年心理學者⋯所以研究青年期內之精神狀態者也⋯故立說之始⋯須確定其所謂青年時期⋯禮云人生十年日幼學⋯二十日弱冠⋯三十日壯有家⋯殆可謂爲青年期矣⋯美國學者山福氏⋯嘗就心理學上書分人生各種時期⋯乃定青年期爲十年⋯蓋由十五歲以至二十五歲是也⋯此外如德人弗嘉斯達氏之說⋯則謂由十三四歲起至二十一歲⋯法人哇里阿氏⋯更分之爲兩期⋯第一期由十四歲至二十一歲⋯第二期由二十一歲至二十八歲⋯如上所述⋯至各不同⋯今折衷衆說⋯定男子青年之期由十四五歲以至二十五歲⋯女子長育較早⋯當在十四歲至二十二三歲之間⋯大抵自春情發勤期起⋯以至身體完全發育之日⋯乃青年期也⋯

杨匏安《青年心理学》

定学生的各项心理指标，杨匏安还列举了若干条关于身体特性和精神特性方面的观察要素。考察世界各国男女犯罪的年龄后，他认为犯罪多发于"自发育期以迄青年期"，为防微杜渐，给教育界作参考，他还重点介绍了犯罪心理学中导致青年人犯罪的因素。

文中，杨匏安结合自己熟知的案例介绍了法国心理学家鲁滂《群众心理》（今译为古斯塔夫·勒庞《乌合之众——群体心理研究》）的重要论点。如他曾经在学校看到一位品学不算恶劣的学生，招到一两位同学的厌恶和诽谤，之后就有很多人都信以为这位学生是小人。所以杨匏安不无忧虑地提出，"至如政客鼓煽，淆厥是非，群盲之应如响，以致国家扰攘，其祸终无穷已"。接着，杨匏安还提到群众和个人的道德心是不同的，他举了自己的例子：有一天他外出，有一位朋友来家中找他，在独自等待的过程中，朋友并未吃摆在桌上的点心；后来又来了几位朋友，大家就在热闹中把点心都吃完了。可见"群众结合，道德心必有多少退减，是亦社会精神之缺点"。群众集合时，感情和动作很容易受感染，而青年人又尤为迅速。所以杨匏安特别强调，指导青年团体的人，讲什么话应当更加审慎，"凡负青年教育责任之人，苟能利用其机，则青年之德性，必日见其改善矣"。这篇文章的观点如今看来未见得有多新奇独特，但却为当时教育界人士提供了重要的参考。

从1919年6月至10月，杨匏安又陆续在《广东中华新报》

上刊载了《美学拾零》。早在1912年，担任南京临时政府首任教育总长的蔡元培就公开发表了《对于教育方针之意见》，明确提出把美育列入教育方针中。后来，袁世凯复辟，蔡元培愤而辞职，教育部也随即将美育从教育方针中删除。之后，学者徐大纯于1915年1月的《东方杂志》第12卷第1号上发表了《述美学》，简略阐述了美的概念、美的系统、美学史等理论问题，并未展开详述。而之后的几年内，关于美育、美学的研究也一直没有比较大的进展。故而，杨匏安撰文介绍欧美各家有关美学的精义，作一美学知识普及。

杨匏安首先介绍了美学创始人德国哲学家彭甲登（鲍姆加通）的观点，后顺次介绍了古希腊哲学家柏拉图、亚理士多德、普罗提诺（普禄迭那）和德国哲学家文脱尔逊（门德尔松）、康德、赛列尔（席勒）、黑格尔、哈脱门等十余人的美学思想，其中又以哈脱门的学术观点介绍得最为详细，节录了其《美之哲学》中的第二卷内容。这些普及性内容，虽没有形成独立的美学思想体系，但有助于人们了解美学的发展脉络，对当时中国的美学发展起到了拓荒的作用。

这一时期，杨匏安开始以"匏庵"为名发表文章。关于"匏庵"一名的由来，有论者提到：

> 为了表示与旧时代决裂，赶上新时代步伐，他俩改了新的笔名。章甫自定笔名为"文磊庵"，并为侄儿取

名"匏庵（匏安）"。

　　章甫说："《三字经》的音律故事中有：'匏土革，木石金，丝与竹，乃八音'之段，匏瓜比葫芦瓜大而扁，用匏瓜可以制造出两种非常响亮的乐器，那就是'笙'与'竽'。一个用口吹，一个用手弹，与其他乐器合奏，非常和谐而优美。"因此选用"匏"字。"庵"字则是当时青年人喜爱的笔名用字。"匏庵"之名的寓意，就是要喊出时代的最强音。

　　查历史上名为"匏庵"之名人，有明代名臣、诗人、散文家吴宽。吴宽为江苏苏州人，号匏庵，官志礼部尚书，清正自守。其诗作浓厚馥郁，诗文和平恬雅，自成一家，著有《匏庵集》。另有清代诗人吴仰贤，浙江嘉兴人，别号小匏庵，入翰林院，后在云南任知府，著有《小匏庵诗存》《小匏庵诗话》。杨匏安自幼遍读诗文，或许有可能受到这两位性情高洁的诗人影响。

第四章

举起社会革命的旗帜

一、系统宣传马克思主义

1919年7月12日至12月15日，杨匏安以《世界学说》为总题，在《广东中华新报》"通俗大学校"栏发表41篇文章，系统介绍了西方各种流派的哲学和社会主义学说。在社长容伯挺的序言中，可以看到这是容伯挺与杨匏安共同策划的专题。容伯挺称，自帝国主义敲开国门已近一个世纪，但国人对西方学术的探索不足，知晓欧美学术思想的人数不到百分之一，甚至连学者都不甚了解各科学说的普通术语名词。每每想起都觉得惋惜，想发挥报业的作用，尽一点力，稍微弥补这些遗憾，所以就遴选了精神科学、自然科学中诸家学说，由杨匏安负责摘抄翻译并演述。可惜，该栏目按计划演译之"诸家学说二百数十余条"，现在大都没有见到。

《世界学说》系统地介绍了西方各种流派的哲学观点和社会学说，包括：唯心论、唯物论、合理说、经验说、感觉论、实在论、观念论、实证论、实用主义、一元论、二元论、多元论、原子论、目的论、机械论、厌世主义、乐天主义、定命论、宿命论、非定命论、主知说、主意说、主情说、形式论、一神论、拜一神论、多神论、有神论、自然神论、超绝神论、泛神论、威伯尔之法则、社会主义、共产主义、集产主义、社会民主主义、马克斯主义（马克思主义）、国家社会主义、讲坛社会主义、基督教（社会主义）、社会改良主义。内容所及，几乎包括社会科学的各个方面和各种流派，范围相当广泛，虽然有些论述未尽精当，但在当时的文化学术领域，却也大大地开拓了人们的视野。

杨匏安介绍这些世界学说时，大都属于翻译、介绍的性质，并没有体现更多个人意志，但也可以看出他是有明显倾向性的。在1919年10月间发表的《社会主义》一文中，杨匏安初步介绍了阿恩（欧文）、圣西门、弗里亚（傅立叶）和马克斯（马克思）等人代表的各种流派社会主义学说。在介绍马克思的社会主义理论时，他称马克思的《资本论》"为社会主义圣典"，并评价其社会主义学说"于近世社会主义之中，尤占重要之地位"。

1919年11月11日到12月4日，杨匏安《马克斯主义（一称科学的社会主义）》一文，在《广东中华新报》连载19天（现存文稿内容有残缺）。这篇历来被研究者认为是杨匏安最重要的文章之一，奠定了杨匏安作为华南地区系统宣传马克思主义先驱的地位。中共中央党史研究室2016年编写的《中国共产党的九十年》叙述马克思主义在中国的传播时，首先介绍了李大钊，紧接着就评价杨匏安"对马克思主义在中国的早期传播也起过重要的作用"，称《马克斯主义（一称科学的社会主义）》"对马克思主义的唯物史观、经济学说和科学社会主义作了相当系统的介绍"。可见这篇文章的重要地位。文章开篇即表达了对马克思主义的热情赞扬：

> 自马克斯氏出，从来之社会主义，于理论及实际上，皆顿失其光辉，所著《资本论》一书，劳动者奉为经典，而德国社会民主党，且去来查尔而归于马氏，在近世社会党中，其为最有势力者无疑矣。马氏以唯物的史观为经，以革命思想为纬，加之以在英法观察经济状态之所得，遂构成一种以经济的内容为主之世界观，此其所以称科学的社会主义也。

杨匏安指出，从马克思1848年发表《共产党宣言》到1867年刊行《资本论》第一卷，其间近20年里，马克思主义潮流日盛，其学说于此时已达"大成"，并称马克思唯物史观是"极有用之史学方法"，"空前之社会哲学"。关于马克思赢余价值（剩余价值）学说，杨匏安写道，资本经济行为的动机就是为了扩大剩余价值。他还揭露了资本家掠夺工人剩余价值的种种方法及其罪恶，指出社会每经历一次经济恐慌、市场停滞的现象，都要淘汰资本薄弱的企业家，最后资本必将集聚在少数财力雄厚的资本家手中，使得社会上的大多数人境遇越困难。"反抗的意志及反抗的运动愈烈，一旦

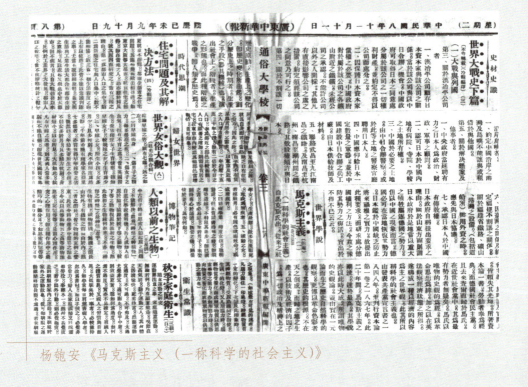

杨匏安《马克斯主义（一称科学的社会主义）》

群起而取得国家之权力，改一切生产工具为国有，脱去资本家之羁绊，恢复各人之经济自由，此为解决社会经济的矛盾之唯一方法，亦即近代社会经济制度所必有之结果，是固循社会演进的程序而自然发生者也"，鲜明地体现了马克思主义的基本原理。

这篇文章是杨匏安参考1919年5月出版的《新青年》第6卷第5号"马克思研究号"中的几篇文章写成的，尤以顾兆熊《马克思学说》、李大钊《我的马克思主义观》（上）、陈启修《马克思的唯物史观与贞操问题》3篇文章为参考对象。此时，杨匏安对马克思主义尚无特别的创见，正如党史专家曾庆榴所言，当时的杨匏安还不可能紧密联系中国的实际来阐述马克思主义的观点。实际上，在当时的历史条件下，要想对马克思主义有全面、深刻的理解是很难的。以下摘录李大钊《我的马克思主义观》的开篇段落，或许有助于理解当时马克思主义研究的难度：

　　一个德国人说过，五十岁以下的人说他能了解马克思的学说，定是欺人之谈。因为马克思的书卷帙浩繁，学理深晦。他那名著《资本论》三卷，合计二千一百三十五页，其中第一卷是马氏生存时刊行的，第二、第三两卷是马氏死后他的朋友昂格思替他刊行的。这第一卷和二、三两卷中间，难免有些冲突矛盾的地方，马氏的书本来难解，添上这一层越发难解了。加以他的遗著未曾刊行的还有很多，拼上半生的工夫来研究马克思，也不过仅能就他已刊的著书中，把他反复陈述的主张得个要领，究不能算是完全了解"马克思主义"的。我平素对于马氏的学说没有什么研究，今天硬想谈"马克思主义"已经是僭越的很……我们把这些零碎的资料，稍加整理，乘本志出"马克思研究号"的机会，把他转介绍于读者，使这为世界改造原动的学说，在我们的思辨中，有点正确的解释，吾信这也不是绝无裨益的事。万一因为作者的知能谫陋，有误解马氏学说的地方，亲爱的读者肯赐以指正，那是作者所最希望的。

李大钊《我的马克思主义观》对马克思主义的三个组成部分进行了系统而深入的诠释，是中国早期马克思主义传播史上的开山之作，有力地推动了马克思主义在中国的广泛传播。李大钊比杨匏安年长7岁，早年间考入天津北洋法政专门学校，后赴日本东京早稻田大学学习政治。连他都认为马克思主义学说很难解，何况当时只是一位年轻、尚无革命斗争经验的中学老师。

但可以肯定的是，《马克斯主义（一称科学的社会主义）》一文的发表，标志着杨匏安开始向一名马克思主义者转变。他从一开始介绍各种社会思潮和各种代表人物，已经逐步认识到马克思主义是科学的社会主义，为后来成为一名真正的马克思主义者奠定了思想基础。他的宣传疾呼，为当时华南地区的新文化运动注入了新鲜血液，为革命提供了思想武器，也为广东共产党组织的建立作了思想准备。当然，由于历史条件限制，他的文章不可避免地还有一些不足，甚至对一些学说的阐述还有错误，但瑕不掩瑜。诚如著名马克思主义理论家龚育之在《读〈杨匏安文集〉》一文中所言：

> 杨匏安这篇文章的价值和贡献，主要在于它对《新青年》介绍马克思主义的呼应之迅速，在于它在两大中心之外的广州开辟了又一个传播马克思主义的中心，在于它在传播的时候所明确表示的拥护马克思主义的立场和热情。这三点，在当时尚不多见（当时的一些介绍者，在介绍的同时对马克思主义的革命学说还有各种保留甚至各种浅陋的批评）。正是这三点，使杨匏安同李大钊站在一个营垒，在中国马克思主义早期传播的历史上占有显著的一席位置。

为纪念中国共产党成立八十周年，2001年6月25日的《人民日报》刊登重要纪念文章《开天辟地》，介绍马克思主义在中国的传播，杨匏安的照片排列在李大钊、陈独秀之后，处在醒目的位置，足见杨匏安在华南地区传播马克思主义的历史功绩。

李大钊《我的马克思主义观》

民族希望

五四运动前后，一批优秀的知识分子接受了马克思主义。随着马克思主义在中国的传播，中国唯一的无产阶级政党——中国共产党诞生了。从此，中国历史揭开了新篇章——

开天辟地

"十月革命一声炮响，给我们送来了马克思列宁主义。"十月革命帮助了全世界也帮助了中国的先进分子，用无产阶级的宇宙观作为观察国家命运的工具，重新考虑自己的问题。

1918年7月至1919年元旦，李大钊先后发表了《法俄革命之比较观》等四篇文章，运用马克思主义的观点，论述十月革命的性质和伟大意义，拉开了马克思主义在中国传播的大幕。与李大钊携手战斗的，是被誉为"五四运动的总司令"的陈独秀。他在上海创办《新青年》后，1918年他又与李大钊创办了《每周评论》，积极传播马克思主义思想。

从1919年3月到1920年底，2000余名勤工俭学学生赴巴黎留学。留法勤工俭学对马克思主义在中国的传播，产生了重要影响。他们中的周恩来、邓小平、陈毅、李富春、聂荣臻、蔡和森、陈延年、王若飞、李维汉、李立三、蔡畅等人，后来都成为了中国革命的领导骨干。

在湖南，毛泽东主编《湘江评论》，热情赞颂十月革命的伟大胜利，介绍各国革命运动；在广东，杨匏安发表了一系列推介马克思主义的文章，成为华南地区最早的马克思主义传播者。李汉俊、李达、黄日葵、恽代英、林育南等人也都利用自己主编的报刊，创建的书社，扩大马克思主义在中国的影响。

1920年3月，中国第一个学习和研究马克思主义的团体——北京大学马克思学说研究会成立，邓中夏、高君宇、何孟雄、罗章龙、张国焘成为最早的成员。8月，中国第一个共产主义小组在上海成立，《共产党宣言》第一个全译本也由陈望道翻译出版。随后，北京、武汉、长沙、济南、广东等地的共产主义小组相继成立。董必武、陈潭秋、何叔衡、王烬美、邓恩铭、谭平山、林伯渠、赵世炎、施存统等人，是这些组织的重要成员。

经过长期思想和组织上的准备，1921年7月中国共产党正式宣告成立，中国历史由此开启了崭新的篇章。

李大钊　陈独秀　杨匏安　毛泽东

李达　董必武　邓中夏　李汉俊　施存统

《人民日报》专版

二、参加中共广东党团组织早期革命活动

五四运动后，随着马克思主义在中国的传播及其同中国工人运动的初步结合，建立工人阶级政党的任务被提上议事日程。陈独秀和李大钊最早酝酿在中国建立共产党。继上海、北京等地成立共产党早期组织之后，广州共产党早期组织于1920年秋冬开始酝酿。

1920年八九月间，米诺尔和别斯林受共产国际代表维经斯基委派，来到广州组织"革命局"的工作。经过与无政府主义者一段时间的接触后，他们共同成立了广东"共产党"，由米诺尔、别斯林和7名无政府主义者担任党的执行委员。同年12月，陈独秀应邀从上海到广州，出任广东省教育行政委员会委员长。1921年春，经过认真酝酿、准备，陈独秀、谭平山、谭植棠、陈公博及米诺尔、别斯林等人改组了广东"共产党"，成为新的广州共产党早期组织，由陈独秀任书记，以《广东群报》作为党组织的机关报。这一年，杨匏安经谭平山介绍加入了中国共产党。杨匏安入党后，他居住的杨家祠成了党组织的活动据点，党的许多会议都是在这里召开的。

1921年五六月间，已加入上海共产党早期组织的林伯渠到广州后，还曾找杨匏安和谭平山等人进行过两次座谈。

广州共产党早期组织成立后，创办了注音字母教导团，积极培养革命骨干。杨家祠也成为注音字母教导团的教学活动场所之一。课上讲授的是注音字母，但注音的内容都是进步书籍。注音

《广东群报》创刊号

字母是1918年由北洋政府教育部正式颁行的我国首部法定拼音方案，当时正是推广的阶段，很好地掩护了早期党组织的活动。

这一时期，杨匏安也参加了广东社会主义青年团的整顿和重建，负责第十五支部（即黄沙支部）的团组织工作。早在1920年8月，广州就组建了青年团组织，但当时的青年团成员复杂、思想混乱、组织不健全，1921年5月前后工作已陷于停顿。1921年7月中国共产党第一次全国代表大会召开后，党组织决定进一步加强青年团建设，整顿和恢复各地青年团组织。广东团组织的整顿恢复工作，吸取了之前成员因信仰不同而分道扬镳的教训，首先从思想建设入手，在指导思想上标明"以马克思主义为中心思想"。1922年1月，广东团组织的筹建者开始向社会广泛宣传建团的宗旨和目的，公开号召青年入团，并召开了第一次筹备会。同年2月26日，广东团组织创办了机关刊物《青年周刊》，由杨匏安撰写创刊《宣言》（署名"夊幺弓"，音为"páo ān"）。《宣言》开宗明义地向读者宣告："社会革命四个大字，就是我们先行的旗帜。"《宣言》呼喊：

> 我们最服膺马克斯主义！因为他的经济学说，能把资本制度应当崩坏的纯经济的、纯机械的历程阐明。他的革命的无产阶级学说，就是指示我们实现社会主义的实际道路。

在宣言中，杨匏安鲜明地站在无产阶级立场上，毅然举

中共一大会址

起了社会革命的大旗。他提出要注重劳工运动，组织工团工会，使工人得到教育和训练，最终实行革命。尤其要注重农民运动，指导农民"向着能变的道路走去"：第一步是帮助农民解决自身的利益问题，结成团体反抗地主剥削；第二步是使得他们知道"土地公有公耕之利益，联合一切无产阶级，举行猛烈的、普遍的群众运动，由无产阶级跑到支配阶级的地位"。

文章还提出社会改造要发动青年学生，使他们出了校门后"即刻帮同实行社会革命，做一个忠实的指导者"。要注重妇女运动，帮助她们解决教育、职业、婚姻自由等问题，促进她们觉悟。同时，呼吁军队要保障大多数人的幸福，"不应受少数人的吡使，替少数人争名夺利来做牺牲的"，号召军界与青年团员们携手从事阶级斗争。最后还申明对无政府主义、基尔特社会主义等思想拥趸者的态度，希望他们"多读点共产党的著作，生发点奋斗的精神"。

1922年3月14日，广东社会主义青年团在广州东园举行成立大会，参会人员达3000多人。会议决定成立广东社会主义青年团执行委员会，下设劳动运动、学生运动、农民运动、妇女运动、军人运动、政治宣传、社会教育共7个委员会；设文书、宣传、劳动组织、财政、总务、地方分团6个部。同年4月10日，广东社会主义青年团执行委员会召开第一次会议，杨匏安当选为文书部的中文负责人。

尔后，杨匏安又在《青年周刊》第4号至7号连续发表了

广州东园

《马克斯主义浅说》，用白话文系统地介绍了马克思主义学说的三个部分，即唯物的历史观、阶级竞争说、经济学说。这是在他1919年发表的文言文《马克斯主义（一称科学的社会主义）》基础上写成的，内容更加丰富，也更加通俗易懂。文中，杨匏安提出"社会上各种不调和和罪恶，都是资本制度造出来的。所以现在的社会状态，当然要劳动者奋起革命了"；"社会革命，不独解放无产阶级，并且解放受现在社会不公平状态所苦恼的一切人类"；"劳动者应该负这社会革命的使命"。劳动者进行革命，"不可不夺取政权"，如果不占有政治权力，就无法构成理想的经济组织。可见，经过在共产党、青年团的革命实践，杨匏安的马克思主义立场更为鲜明。

值得一提的是，杨匏安在文中写道，"关于唯物的历史观要领记［写］的译语，从堺利彦"。堺利彦是日本早期社会主义者，1906年他和幸德秋水翻译出版了《共产党宣言》，这是《共产党宣言》的首个日文版本，马克思主义自此开始在日本广泛传播。他创办了《社会主义研究》《平民新闻》等刊物，积极宣传马克思主义，并介绍俄国革命情况，为日本早期社会主义运动作出了重要贡献。杨匏安在日本期间，应当受到堺利彦学说的影响。

1922年5月5日至5月10日，中国社会主义青年团第一次全国代表大会在广州召开。会议选择在5月5日马克思诞生104周年纪念日召开，表明中国社会主义青年团是信仰马克思主义的革命组织。这次大会宣告中国社会主义青年团正式成立，成为中国青年运动发展史上的里程碑。

随着大会的召开，宣传马克思主义成为青年团的重要工作之一。1922年5月27日，杨匏安在中共广东党组织的机关报《广东群报》发表了《谁生厉阶?》一文，指出"资本制度、资本家、官僚、军阀、警察"是造成社会上各种不可调和的罪恶，是真正的"厉阶"（意为祸端），号召劳动者要团结起来进行斗争，同时指出减少工时增加工资仅仅是反抗的方式之一，是"劳动运动的初步"，而阶级斗争远不止于此。

1922年6月16日凌晨，军阀陈炯明部队突然包围总统府，炮击孙中山所住的粤秀楼，发动兵变。陈炯明公开迫害革命分子、镇压革命力量，共产党、青年团活动被迫转入秘密状态。此时广东团组织负责人谭平山被调离广东，冯菊坡、阮啸仙分别负责主持广东党组织和团组织的工作。同年10月23日，阮啸仙致信团中央负责人俞秀松，提到团组织活动的氛围已不如从前宽松，只能半秘密进行，《珠江评论》已被查禁，团址也因被监视另迁别处，"弟不日入闽，书记职由杨匏庵代"，之后关于团组织的信直接邮寄到杨家祠杨匏安处。这时，广东团组织人数由3000余人急剧下降至410人，组织骤然缩小。团组织还面临着经济困难，很难开展活动，正如阮啸仙在信中所言"六月未接中央一钱接济"，团费又征收困难，他自己垫支"百余金"，现在已经"成强弩之末，无能为力矣"。

杨匏安临危受命担任广东社会主义青年团代理书记，他在恢复团组织的基础上，也进行了组织发展工作。自陈炯明叛变革命后，广州市曾有3个月没有发展团员，但杨匏安代理书记一职以后，从1922年10月份起，每月又有了新增团员的记录。由于团组织遭到重创，组织比较薄弱，故此时的发展是有限的。虽然如此，仍不能忽视杨匏安在危急时刻，为保存团组织力量作出的积极贡献。

1922年10月15日，杨匏安在《珠江评论》第3期上发表了《无产阶级与民治主义》一文，对无产阶级和资产阶级是否合作的问题，进行了初步研究。他指出中国资本主义发展落后，政权尚在军阀官僚手中，所以"目前革命第一步，就是打倒封建特权。为增大革命势力起见，无产阶级和资产阶级都应联合作战，这是毫无疑义的"。同时，杨匏安又富有远见地指出，无产阶级和资产阶级在第一步联合作战取得成功之后，由于阶级利益不一样，第二步又将面临"反目"，所以"无产阶级刚刚踏着第一步的时候，不可不预定第二步的战术"。这篇文章其实是对四个月前（6月15日）中共中央发表的《中国共产党对于时局的主张》的呼应。这是中共中央首次就中国民主革命的重大问题，向社会各界公开自己的政治主张，也是党运用马克思列宁主义分析中国社会状况，解决中国革命问题的新起点。该主张认为，辛亥革命以后，"民主政治未能成功，名为共和国，实际上仍由军阀掌握政权，这种半独立的封建国家，执政的军阀每每与国际帝国主

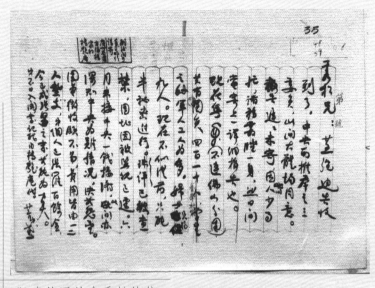

《中国共产党对于时局的主张》

阮啸仙写给俞秀松的信

义互相勾结"，是"中国内忧外患的源泉，也是人民受痛苦的源泉"。同时，邀请国民党等革命民主派及革命的社会主义各团体开一个联席会议，共同建立一个民主主义的联合战线，向封建式的军阀继续战争。

1923年春，在孙中山的策划和指导下，陈炯明在滇桂军的联合进攻下败走东江，孙中山回广州成立大元帅大本营，重建广东革命基地，广东形势开始好转。同年3月，陈独秀再次来到广州，谭平山也返回广州，参与大元帅大本营的工作。同年4月，中共中央局迁驻广州，即全力以赴筹备党的第三次全国代表大会。此时，广东社会主义青年团组织也得到恢复，阮啸仙、刘尔崧等团干部相继回到广州，与杨匏安一起着手重新整顿广州的团组织。5月13日，社会主义青年团广州地方执行委员会成立，代行团广东区执行委员会职权，杨匏安当选候补委员。

为了适应革命形势，更好地开展学生工作，1923年6月17日成立了广东新学生社，后又创办了《新学生》半月刊。这是广东青年团领导的外围学生组织，不同于学校的一般学生组织，有反对帝国主义反对封建军阀的鲜明纲领。它利用学生的特点开展活动，致力于将青年学生团结在党、团周围，参加反帝爱国运动。社址设在今广州越秀区正南路锦荣街，与杨家祠近在咫尺，杨匏安经常参加并指导新学生社的活动，与青年学生交流，深入宣传马克思主义。

第五章

投身大革命的洪流中

一、积极推进国共合作

20世纪20年代初，中国的政治、经济状况和京汉铁路工人大罢工惨遭失败的教训，使中国共产党人进一步认识到，要推翻帝国主义和封建军阀在中国的统治，仅仅依靠工人阶级的力量是不够的，应该建立工人阶级和民主力量的联合战线。此时的孙中山也希望与共产党合作，挽救"正在堕落中死亡"的国民党，以恢复国民党的革命精神。

1923年6月12日至20日，中国共产党在广州举行第三次全国代表大会。大会决定采取共产党员以个人身份加入国民党的方式实现国共合作。这一时期，共产党的各级组织做了许多思想工作，动员共产党员和进步青年加入国民党，积极推进国民革命运动。在共产国际和中国共产党的建议和帮助下，孙中山排除万难，积极推进国民党的改组工作。同年10月，国民党临时中央执行委员会在广州成立，共产党人谭平山任委员。其后，党组织派谭平山、杨匏安二人为中共在国民党中的党团书记。此后，杨匏安的工作重心转向从事党的统一战线工作。

中共三大会场墙基

投身大革命的洪流中

国民党的改组，从1923年10月开始，在中国共产党的建议下，在政局较稳、群众基础较好的广州试行改组。1923年11月11日，孙中山召开党务大会，宣布在广州进行两个月的改组试点工作。大会决定按警察管辖区域划分，把广州分为12个区，按区自下而上地组织国民党区分部、区党部，并明确以区分部为国民党的基本组织。中共广东区委十分重视改组试点工作，选派了杨匏安、阮啸仙等一批共产党员参加试点工作。他们深入广州的国民党组织，帮助召开党务会议，协助办理党员登记，筹建各级党部和分部，动员广大革命工人和学生青年参加国民党，全力投入改组工作。到12月底，广州市各区的国民党区党部、区分部基本上建立起来。杨匏安被选为第十区执行委员兼秘书，主持该分部的日常工作。

这一时期，由杨匏安、阮啸仙等共产党人和国民党骨干联合开展的试点工作是卓有成效的，截至1924年1月12日，国民党广州市党部已建立了12个区党部（其中9个正式区党部、3个代理区党部），66个区分部，3个特别区分部，党员登记数达8218人，其中工人占60%，总数比两个月前增加4569人。

国民党广州市党部的试点经验为向广东省乃至全国铺开改组工作提供了有效的借鉴。由于杨匏安在试点工作中表现出的组织才能，使他不仅获得广大党员群众的普遍认可，也得到国共两党重要领导人的一致肯定。1924年1月，中国国民党第一次全国代表大会在广州举行。会议事实上确立了联俄、联共、扶助农工的三大革命政策，标志着第一次国共

国民党一大会场

合作的正式形成。在国民党一届一中全会上，谭平山被选为中央常务委员和组织部部长，杨匏安担任组织部秘书。国民党中央组织部是国民党中央党部下设的8部之首，是主管国民党在全国各地的组织工作和干部工作的职能部门，不仅要负责各地干部的任免、调配等事宜，还要研究制定有关人事方面的政策等。当时，国民党改组工作正在全国开展，正是建章立制之时，各地改组人员的选派以及各地党务指导工作都由该部负责，其繁忙程度可想而知。谭平山兼任国民党中央常务委员，参与处理国民党各个方面的要务，组织部的日常工作实际上主要由杨匏安主持。

改组国民党，实行国共合作，并不是一帆风顺的。国民党一大召开之时，就有广州代表方瑞麟主张在党章中增加"本党党员不得加入他党"的条款，目的是反对共产党员"跨党"，虽然该提案被大会否决，但国民党内的右派分子仍然极力反对国共合作，抗拒改组。国民党地方党部的改组也困难重重，有些还遭到贪官污吏和土豪劣绅的阻挠。面对这些错综复杂的矛盾和斗争，杨匏安始终坚持贯彻中国共产党的统一战线政策和国共合作制定的方针，做到"兵来将挡、水来土掩"。无论是"暗流涌动"，还是"惊涛骇浪"，杨匏安都能自如应对，既坚持原则又灵活审慎地处理国共两党之间发生的矛盾与纠纷，有力地维护了两党的团结合作。

二、出谋划策，平叛讨乱

1924年，广州发生了商团武装叛乱事件。广州商团原是1912年广州商会建立的商人自卫组织，最初目的是"防御内匪，保全生命财产，维持公安"。自1919年英国汇丰银行广东分行买办陈廉伯担任广州商团总长后，商团的性质逐渐发生了变化，成为在帝国主义支持下的反革命武装。到了商团叛乱前夕，其规模已有10个团，约四千人，连同后备力量可达六千余人。1924年8月，商团违法从国外购进大批军火，广州革命政府当即将其截获并封存于黄埔军校。陈廉伯等人悍然宣布成立所谓"商团联防总部"，组织了一千多人穿起军服到大元帅府"请愿"，要求发还枪支。遭到孙中山拒绝后，陈廉伯于8月20日将商团联防总部转移到佛山，企图发动叛乱，后甚至通电各县商团驱逐县长，宣布独立。英国军舰也开到广州白鹅潭，公开支持商团，对大本营实行外交和武力恫吓。而驻在广州的滇军、桂军则隔岸观火，还以"调解"为名，向孙中山施加压力。

同年10月10日，广州市各界团体在广州第一公园（今人民公园）举行纪念武昌起义十三周年集会，到会五六千人。会后举行示威游行，队伍行至太平路时，突遭广州商团开枪射击，当场死伤群众百余人，这就是"双十惨案"。商团还到处张贴"驱逐孙文""打倒孙文"的标语，企图制造更大规模的叛乱。

面对严峻的形势，中共广州地委和青年团广东区委于1924年10月11日联合发表《为双十节屠杀事告广州市民》，

正在操练中的商团军

号召革命群众团结一致，解除商团武装。孙中山在共产党人和各界革命群众的支持下，逐渐坚定了平定商团叛乱的决心，成立了平叛指挥的革命委员会。10月13日，孙中山下令镇压商团。10月15日，各地商团陆续缴械，各商店开市，平叛取得胜利。杨匏安与谭平山、周恩来、陈延年等一起参加了革命委员会的工作，发动领导工人、学生、妇女、农民等团体共同斗争，对镇压商团叛乱起了很大的作用。

1924年11月，谭平山因故辞去国民党中央执行委员会常务委员和组织部部长之职，国民党中央常委会决定由杨匏安代理组织部部长。杨匏安的工作也因之更加繁忙。

1925年3月12日上午，孙中山在北京病逝。消息传来，人

谭平山信函

们都陷入悲痛之中。3月13日，国民党中央党部召开广州市各级国民党党部执行委员会联席会议，研究悼念孙中山事宜。会议决定，组成国民党中央悼念孙中山先生筹备委员会，杨匏安与廖仲恺、胡汉民、黄居仁等16人任筹备委员。会议当天，在第一公园追悼孙中山，一万多人参加追悼大会。4月12日，广州隆重举行孙中山追悼大会，广州市各界团体20余万人参加了追悼大会。随着各地追悼会的宣传，孙中山的新三民主义和联俄、联共、扶助农工的三大革命政策更加深入人心。

然而，几个月后，广州再陷危机。1925年5月，在广州的滇系军阀杨希闵、桂系军阀刘震寰与帝国主义勾结，意图推翻革命政府。他们以"滇桂军全体国民党员"的名义散发传单，叫嚷"反赤化"，同时开始了占领广州的军事行动。6月4日，杨、刘发动武装叛乱，先后攻占省长公署、粤军总署和财政厅等政府机关。广州革命政府急令东征军迅速回师，于6月12日击溃叛军，广东革命根据地得以巩固。

杨刘叛乱得以迅速平定，归功于革命军队的英勇顽强，也与共产党人大力发动工农群众支援密切相关。在此过程中，杨匏安作出了积极贡献。为了便于开展工作，当时杨匏安住在芳村永乐园，每天到士敏土厂办公（此时大元帅府大本营已迁到士敏土厂），参与谋划平叛之事。永乐园是杨匏安早年间建立的革命活动基地。1922年7月，中共广东区委委任杨匏安为中共广九铁路支部书记。这一时期，杨匏安利用铁路局编辑的合法身份，深入广九铁路系统开展铁路工人

中共广东区委旧址

位于广东士敏土厂的大元帅府

运动。工人们曾发起一系列斗争，要求增加工资，提高待遇，改善生产条件等，大部分要求在斗争中得以实现。1923年6月，杨匏安兼任中共广州粤汉铁路支部书记。他在黄沙租赁房屋开办"商运局"，作为工人运动的掩护，与杨殷、潘兆銮、杨章甫等人一起，秘密在广九、广三、粤汉三铁路及其周边的工厂、农村一带活动。也正是在他的影响下，义妹康景昭和黎演苏都走上了革命道路。康、黎二人成婚后，在芳村购置杨桃园组织小农场，名为永乐园。杨匏安就在永乐园建立了中共广东区委的秘密指挥部，既方便就近组织工农革命力量，又可以在必要时夺取和控制重要交通干线。此时，杨匏安正好利用此地监控杨刘叛军的动向，为平定叛乱出谋划策。

由于此前杨匏安等人在此开展革命活动，这一带拥有很好的工人基础，工人们都积极拥护共产党的政策，支援革命斗争。按照中共广东区委的布置，1925年6月7日，共产党人发动广三、广九、粤汉三铁路工人罢工，并切断叛军的电源和电话线路。同时，电船、民船工人也宣告罢工，使得叛军无法利用交通工具调动军队，也无法获得军械，受到沉重打击。而杨匏安、杨殷等人也在平定杨刘之役中受到了革命斗争的锤炼，迅速成长。

1924年秋，中共中央决定将中共广州地方执行委员会改组为中共广东区执行委员会，管辖范围除广东、广西两省以外，还兼及福建省西部、南部及香港地区。最早由周恩来担任中共广东区委委员长（后称书记），后由陈延年接任。杨匏安当选区委监察委员后，在长期的工作中，与周恩来、陈

黄埔军校

延年，以及后来担任区委军事运动委员会书记的张伯简等人结下了深厚的革命友谊。

据同寄居在杨家祠的杨淑珍（杨章甫的七妹）回忆，当时中共广东区委的很多会议都在杨家祠召开。杨匏安、杨章甫和张伯简三人长期劳累，都患有肺结核。杨母陈智经常为他们煲中药，有时候张伯简不来杨家祠开会，就叫儿媳吴佩琪送药去军事部。杨匏安的儿子杨明也回忆道，以前陈延年经常在杨家祠附近练习打气球。周恩来曾送给杨匏安一个铜制的墨盒，盒盖上刻着"匏安兄文玩 周恩来"，可惜后来遗失了。

1925年11月1日，中国共产党发出《通告第六十二号》，称广州黄埔军校拟招3000名入伍生，要求各地选派共产党员报考黄埔军校，同时要求各地党员持介绍信先到杨家祠找广东区委的杨匏安报到。一时间，越来越多共产党人在杨家祠出入。

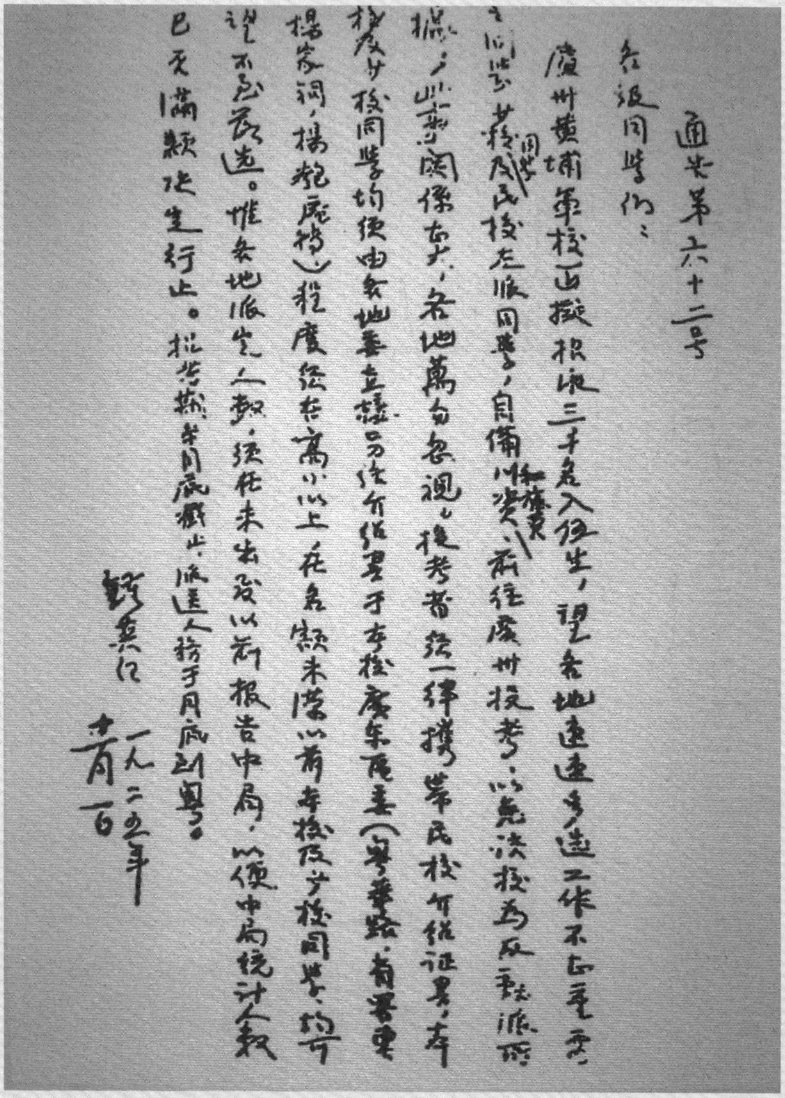

各级同学们：

广州黄埔军校正拟招收三千名入伍生，望各地速速多送，工作不致延缓。同时，其接收及入校左派同学，自备川资，前往广州投考，以免无投考及路费派费。据，此次开缺右大，各地万余各通。后考者经一律携带民校介绍证明，本校女校同学均须由各地委立据，另行作证，投考广东高主（粤语路，有署更……

（此处文字辨识困难，从略）

錄魚口 一九二○年
青百

三、参与领导省港大罢工

1925年5月30日，帝国主义在上海制造了举国震惊的五卅惨案。消息传到南方，在广州和香港爆发了规模宏大的省港大罢工，成为大革命时期影响十分深远的斗争。杨匏安投入到斗争中，为发动省港大罢工作出了重要贡献。

在平定刘杨叛乱后的第二天，即1925年6月13日，中共广东区委派杨匏安和邓中夏、杨殷等人前往香港，与已在香港的共产党员黄平、苏兆征等人汇合，研究如何做好组织发动工人等问题，并视形势的发展情况再确定是否举行大罢工。

20世纪20年代初期，中国共产党在香港工人中的力量比较薄弱，香港的进步力量也十分薄弱。在港英当局殖民主义的统治下，党团都处于非法的秘密状态，给发动组织群众增加了困难。香港140多个工会团体，分属于香港工团总会派、华工总会派和无所属派等三个大系统，没有统一的组织领导，而且大多都被资本家、封建把头操纵，并非真心实意为工人谋利益。但是，广大工人群体无论属于哪一个派别，都是深受英国殖民主义压迫的，有改善生活的迫切愿望，具有反抗精神。如果能做好宣传发动工作，是有可能将广大工人群众发动起来使他们投入反帝罢工斗争之中的。因此中共中央广州临时委员会、中共广东区委和中华全国总工会作出了罢工的决议，并指定杨匏安和黄平、邓中夏、杨殷、苏兆征五人组成党团，作为发动罢工的指挥机关。

鉴于香港各工会的复杂情况，罢工指挥机关决定从几方面结合进行工作：一方面，通过香港的党员、团员和工人、青年学生中的积极分子，深入群众进行宣传，号召工人群众积极行动起来；另一方面，选派专人做上层工会头目的工作，广泛联系接触，激发他们的爱国热情，动员他们加入反帝斗争的行列之中。邓中夏、苏兆征以中华全国总工会代表的身份进行宣传发动工作；杨匏安则以"国民党中央农工部部长、革命政府财政部部长廖仲恺的代表"这一身份开展动员工作。针对一些工人担心罢工回到广州后，食宿无着落等具体的实际问题，杨匏安等向广大工人保证，罢工工人回到广州后由政府负责解决交通食宿等问题，有效地解决了群众的后顾之忧。后来，省港罢工委员会宣传部主任郭瘦真还回忆了杨匏安赴香港的任务：一方面是"坚定一些工会领袖对罢工和回省的信心"，另一方面是"表明国民党左派态度"，对工会上层头目更有说服力。

在杨匏安等共产党人和工人积极分子的努力下，罢工的酝酿和准备工作已经成熟了。1925年6月19日，香港的海员、电车、印务等工会首先宣布罢工，其他工会随即响应，并成立全港工团联合会作为统一领导罢工的指挥机构。6月21日，广州沙面洋务工人和广州市内各洋行工人宣布总罢工。到6月底，省港两地参加罢工的人数达25万。罢工工人不顾英帝国主义者的阻挠和威胁，先后约有20万人返回广东各

省港大罢工期间（右起）杨匏安、陈延年、刘尔崧、冯菊坡的合影

地。6月23日，香港罢工工人和广州市各界群众10万余人，在广州举行五卅惨案追悼大会，会后举行游行示威。当游行队伍路过沙基时，英国军队开枪扫射，制造了"沙基惨案"，引发罢工工人运动高潮。港英当局残酷镇压罢工，并阻挠工人离港。但大批工人还是冒着生命危险，突破重重封锁，步行到深圳或绕道澳门回广州。

自罢工爆发后，港英当局即发布戒严令，派出大批警察四处搜捕所谓"罢工煽动者"。只要有三五个华人聚在一起，就会被认定为"煽动罢工"或有"不法行动"而遭到逮捕。由于杨匏安在香港时公开宣传罢工，受到港英警察的监视。1925年7月1日晚10时，杨匏安在中华全国总工会执行委员戴卓民的家中商量工作时，警察突然破门而入，随即将两人逮捕。杨匏安被捕的消息很快传到了广州。《工人之路特号》7月3日和7月4日分别发表《港政府大捕华人》《港政府逮捕戴杨二志》，报道杨匏安在香港被捕一事。7月15日该报又报道了杨匏安被捕后的情况，因为港英当局找不到杨匏安所谓"煽动工潮"的证据，杨匏安被判无罪释放，后出门时又被逮捕回去，被拘留在侦探室。

这一时期，《工人之路特号》及时报道香港、广东两地工人动态，宣传爱国反帝主张，是省港罢工时期最重要的动员媒介。它最早是中华全国总工会创办的周刊，原定于1925年5月31日出版，但因战事未能按时出版。后成为省港罢工委员会的机关刊物，于1925年6月24日创刊，直至1927年4

省港大罢工游行

月14日停刊，是大革命时期工人报纸中出版最久的报纸。《工人之路特号》在广东、香港、澳门等地的工人群体中影响较大，阅读人数多。当工人们得知杨匏安被捕后，无不义愤填膺。

杨匏安被捕入狱后，由港英当局的华民政务司负责审问。杨匏安的狱友、香港罢工团总会的办事员胡荫后来回忆杨匏安在狱中的情形称，负责审讯的人曾逼问杨匏安是不是由广东省政府的指使来香港"宣传赤化"的，他义正辞严地答道："我不是什么赤化，也不是有什么广东政府主使，但我难与风潮无关，然而我却不赞成英国人这种野蛮的残杀！"最后，杨匏安在狱中被关押了50天后终于获准释放。他出狱返回广州后，受到广大工友的热情欢迎与亲切慰问。《工人之路特号》连续登载杨匏安出狱的消息。8月20日刊登中华全国总工会组织部部长李森在省港罢工工人代表大会上的报告称，"杨匏安先生为这次罢工很出力的人，后和戴卓民君同被港政府捕去，现被押出境，已由澳门转赴前山，一二日内便可来省。我们加入这位有力的助手，更容易操胜算了"。8月23日，又刊登《欢迎杨匏安先生出狱》的新闻，说杨匏安已回到广东，大家听到这消息"必有无限之愉快"。之后，省港罢工委员会连续在《工人之路特号》上发布第152号和第153号通告，拟于8月25日中午和傍晚分别在省教育会和亚洲酒店欢迎苏俄全国总工会代表团，并欢迎杨匏安、胡荫出狱。25日晚，在中华全国总工会组织的欢迎会上，邓中夏赞扬杨

《工人之路特号》上刊登的《欢迎杨匏安先生出狱》

省港罢工委员会第153号通告

投身大革命的洪流中

匏安和胡荫是"直接同帝国主义争斗，以致被捕入狱，这是当然值得我们欢迎的"，但杨匏安两次会议均未到会。

刚刚回到广州的杨匏安，正陷于失去革命战友的悲痛之中。1925年8月20日，国民党左派领袖廖仲恺在国民党中央党部门口突遭凶手杀害。杨匏安一回广州便顾不上其他，径直来到廖仲恺灵前追悼，与廖仲恺的夫人何香凝顿足咽泪。之后杨匏安又迅速投入到追查廖案真相、惩办凶犯的工作中。

8月27日，杨匏安出席省港罢工工人第十八次代表大会，在杨匏安发表演讲之前，全体工人代表一致起立，向他行一鞠躬礼，以表敬意。杨匏安的演讲充分肯定了广大工人"不顾艰难，不顾私家，一致起来反抗帝国主义，做不合作的罢工运动"的牺牲精神，痛斥"帝国主义者的狠心毒手"。同时，他直率地指出了香港各工会在罢工过程中出现的缺点：一是有些工会领袖错误地以为在上海的工人才需要罢工，而香港的不必参与，只捐款接济即可，实际是不明白罢工的意义所致；二是工会组织尚未完善，工会领袖与工友之间联系不够密切，指令传达不畅，行动速度不统一。同时，他还提出要借鉴俄国总工会、欧洲工会的优点，使得我们的工会组织更加"灵敏而坚固"。对于廖仲恺惨遭反革命杀害一事，他表示无比悲痛，"几乎我们都被刺一样"。他勉励工人们努力奋斗，誓达打倒帝国主义的目的，继续廖先生的遗志。在讲话中，杨匏安态度坦诚，语言平实，只字未提在香港狱中的遭遇，也不居功自傲，充分体现了共产党人不怕牺牲的本色。

9月6日，省港罢工委员会第五十五次会议决定聘请杨匏安为委员会顾问。直到次年，即1926年10月，罢工委员会根据形势的变化，宣布结束罢工。省港大罢工坚持了16个月，从政治上、经济上给英帝国主义以沉重打击。它规模巨大，组织严密，制度健全，在中国乃至世界工运史上具有重大的影响。在此期间，杨匏安一直积极支持、参与省港大罢工的工作，他善于从实际出发，创造性地开展工作，在工人中拥有很高的威望，成为工人运动的先驱。

这一时期，杨匏安与周恩来、陈树人等8人参加了广东国民政府组织的"廖案检查委员会"，积极查明廖案实情。同时，杨匏安还与李章达、谭桂萼组成了"廖案审判委员会"，负责对案犯的侦查与审讯工作。由于蒋介石等人的庇护、干扰，对廖案凶犯的追查和审讯实际上很难进行。最后，以国民党右派领袖胡汉民离开广州到苏俄、粤军总司令许崇智离职收尾。何香凝深知杨匏安等人为追查廖案凶手付出的艰辛和努力，但最终也是无力回天。

1925年8月26日，广州工农群众举行大会追悼廖仲恺。

四、从国民党省党部常委到中央常委

1925年，国民党中央执行委员会开始筹备建立国民党广东省党部，并决定由国民党中央组织部派出7人，秘书处、青年部、农民部、工人部、商民部各派1人，共12人组成筹备处。杨匏安成为筹备委员之一。原定1925年6月召开代表大会，因平定刘杨叛乱推迟至10月。

1925年10月20日至26日，国民党广东省党部第一次党员代表大会在国民党中央党部大礼堂召开。会议决定成立委员会，负责各项决议案的起草工作。其中，杨匏安与李霞举、颜国潘组成《中央党部报告决议案》起草委员会，毛泽东、彭湃、刘尔崧、杨章甫等共产党人也分别参加了相关起草委员会。会议通过了《中央党部报告决议案》《中国国民党广东省第一次农民代表大会宣言》《政治报告决议案》《各地方党部决议案》及《关于农民运动之报告及提案》等决议。

大会的最后一项议程是选举广东省党部执行委员和监察委员。会议根据新会县代表邓鹤琴的建议，以候选人为当选人的3倍数交大会选举。即拟选定的执行委员为9人，则候选人为27人；拟选定监察委员5人，候选人为15人。代表中有表决权者283人，当天出席投票者254人，采取代表双记名的方式投票选举。最终杨匏安以得票数第四，当选为执行委员。1925年11月出版《中国国民党广东省党部成立之经过》中记录的选举结果如下：

执行委员：

何香凝（二三一票）、刘尔崧（二二〇票）、

彭　湃（二一九票）、杨匏安（二一八票）、

陈公博（二一三票）、甘乃光（二〇六票）、

陈孚木（一八八票）、范其务（一一一票）、

罗国杰（一〇三票）。

候补执行委员：

谭桂萼（九三票）、邓一舟（七一票）、

黎樾廷（六〇票）、林近亭（四四票）、

罗伟疆（四三票）。

会上，杨匏安当选为3位常务委员之一。由于杨匏安突出的组织能力，在各委员的分工中，杨匏安又被推举为组织部部长，谭植棠担任其秘书。这一时期，在杨匏安等人的主持下，国民党广东地方组织进入了快速发展时期。

由于广东管辖面积较大，交通不便，为方便指导各县市开展党务，国民党广东省党部下设潮梅、惠属、南路、琼崖4个特别委员会，由省党部派人就近指导各县市的党务工作。赖先声、邓颖超、恽代英、何应钦、潘兆銮、黄学增等人曾参与特别委员会工作，到各地指导国民党党务，成效显著。

1926年1月1日至20日，国民党第二次全国代表大会在广州举行。杨匏安与毛泽东、谭平山、吴玉章、恽代英等共产党人与国民党左派密切合作，共同努力，挫败了国民党

国民党广东省党部执行委员会委员合影（后排左二为杨匏安）

右派的种种干扰和破坏，使国民党第二次全国代表大会取得了积极的成果，通过了《接受总理遗嘱决议案》《中国国民党第二次全国代表大会宣言》《弹劾西山会议决议案》《关于工人运动决议案》《关于农民运动决议案》等一系列重要决议案。

杨匏安以广州市国民党代表的身份出席了大会，与董必武、吴玉章、邓颖超等担任提案审查委员，并与谭平山、林祖涵（伯渠）、李大钊、吴玉章等当选为中央执行委员。杨匏安还被选为国民党中央9个常务委员之一，与另外两位常委谭平山、林祖涵共同组成秘书处，处理国民党中央的日常工作。

国民党第二次全国代表大会对以西山会议派为代表的国民党右派分子予以反击，继续贯彻执行联俄、联共、扶助农工的三大革命政策，肯定了国民党必须同共产党人结成战斗联盟。但是大会最终没有使共产党和国民党左派联合力量在国民党中央占绝对优势，甚至把蒋介石选为中央执行委员，使他在国民党和国民革命军内的地位得到了大大加强和提高，为他阴谋篡夺革命领导权创造便利条件。

1926年3月20日，蒋介石阴谋制造了中山舰事件，以"共产党阴谋暴动"为借口，大举逮捕共产党人。后又于5月15日提出所谓《整理党务决议案》，发动新一轮攻击。杨匏安、毛泽东、林伯渠等共产党人被迫辞去国民党中央职务。此时，杨匏安仍保留在国民党广东省党部的职务。

国民党第二次全国代表大会代表合影

投身大革命的洪流中

1926年10月15日至28日，国民党中央执行委员和各省区、特别市及海外代表联席会议在广州召开。杨匏安与宋庆龄、毛泽东、邓颖超等80人出席了会议。会议的目的是提高党权，反对个人独裁，发展工农运动，推动北伐革命形势。会上讨论了国民政府发展案、地方政府与国民政府关系案、国民党最近政纲案等。其中又重点讨论了汪精卫销假案，准备迎接汪精卫复职。但由于共产党内对蒋介石和汪精卫的本质认识不清，对处理这一问题缺乏明确的方针，未能真正抑制反革命派的权力。

1926年11月5日，国民党广东省党部第四十九次会议决定改选省党部，杨匏安等5人列为大会筹备员。同时，杨匏安还负责领导组织部起草国民党广东省第二次代表大会组织法及选举法。在12月24日召开的筹备会上，杨匏安被推选为大会主席团成员。

同年12月25日，国民党广东省第二次代表大会召开。在12月29日下午的会议上，杨匏安以组织部部长身份在会上作《中国国民党广东省［党部］组织部一年来工作报告》。该报告从一年来党务之概况、各地党部的组织及党员成分、各特别委员会之组织及其工作、各县市党部工作之概况、党员的活动及其影响、总束六个方面对广东省党部的工作作了总结。

之后，杨匏安又在工作报告的基础上做了进一步补充，历数这一年来组织部的工作成绩，主要从三个方面进行了说

国民党中央党部旧址

明：一是党员数量的增加。从1925年11月至1926年12月，广东全省国民党员从1.5万人发展到"不下20万"人。广东统一后，工、商、学各界加入国民党的数量增多。其中农界占党员总数的40%，工界和学界各占25%，商界、军界、警界和自由职业者等合占10%，国民党的基础"坚固建筑在民众之上"。最显而易见的变化是，召开第一次国民党广东省代表大会时，每县市有50名党员即可选出一名代表参加会议，而到了第二次全省代表大会时，一千名党员以下的县市只能选出一名代表。二是党组织的发展。第一次全省代表大会时，各县市有党组织的仅46处，到第二次全省代表大会时，已有168处。1926年1月至12月，全省的区党部从168个增至580个，区分部从997个增至4291个。"党组织更由城市发展及于乡村，确立本党势力根基。"三是宣传工作卓有成效，使得农民运动、工人运动、青年运动、商民运动和妇女运动都得到进一步发展。

在报告中，杨匏安也十分坦率地指出了党务工作存在的缺点。如党员虽增加，而教育训练未见得比以前更好，组织纪律未能充分整顿；各级党部监察委员会失职，党部不能按时开会；有些民众运动由党员个人发动，缺乏组织严密性；党部因经费不足而使得党务停滞成为普遍现象等。对于开展党务时因地方吏治不良而卷入地方政治斗争的情况，杨匏安强调："我们如果能整顿党务，努力工作，指导群众运动，党部自然〔有〕力量，何虑不法官吏之不倒？倒一个，而我们仍是空虚无力，再来一个，又尽力去打，党务其何可胜道？"最后，杨匏安要求大家讨论补救办法，做成良好决议案，"务使本党基础日益巩固，纪律日益严密，党的势力日益张大，在革命根据地之广东长保光荣"。

仅就这篇报告来看，杨匏安作为国民党广东省党部组织部的负责人，对全省党务工作是了然于胸的，既充分肯定成绩，又直指缺点。足见杨匏安在组织部部长这一岗位上体现出的卓越领导能力。最后，大会也根据杨匏安指出的党务工作缺点，形成了具有解决问题性质的《党务报告决议案》。

会上，杨匏安再度当选执行委员。这也说明这一年来杨匏安的工作成绩有目共睹，他在国民党中的个人威望再次得到体现。然而，这时广东的政局已暗流涌动，国民党中的新右派已占有15位执行委员中的大多数席位。杨匏安等共产党人在国民党广东省党部的工作开始变得困难重重。

1927年1月8日，国民党广东省党部执行委员召开第二届第一次会议，杨匏安再次当选为3位常务委员之一。但此时他已不再担任组织部部长一职，由于受到国民党新右派的排挤，他已无实际话语权。

第六章

公忠不忘树风范

十一月陳望道來香港

族術回首戰雲深漏又投荒萬里臨徐日可酒行
坐卧威懷休問去來 今江南有夢迷藥癢
海外何人譜雅音 匈笑身閒心獨苦高頭啥
母伴微吟

寄小梅

去國念年里心薩雲水去逃生來危城問禁八危
利歸意窺照動公忠不群忘相思憑夢寄
月邑滿桄榔

一、投身反抗国民党反动派的斗争

北伐军占领两湖地区后，偏处广州一隅的国民政府已不能适应指导全国革命运动发展的需要，迁都问题逐渐提到议事日程。1926年11月底，国民党中央执行委员会作出关于中央党部和国民政府迁移武汉的决定，中央执行委员和政府委员分四批北上武汉。

1927年4月3日，杨匏安与谭平山、国际工人代表鲁易等人到达武汉。到达武汉后，国民党中央执行委员会及国民政府当晚在华商总会设宴为他们洗尘。杨匏安一行从广州到武汉的过程比较波折。据杨匏安的儿子回忆，他们原定坐飞机去武汉，但几次到了机场，又返回来，说是飞机出了故障，最后改从陆路走，先坐火车到韶关，然后翻过五岭山脉，进入湖南。后来才知道是蒋介石阻挠政要人员到武汉。当时的报纸报道提供了佐证：《广州民国日报》3月2日报道，"第三国际代表前与国际工人代表同道来粤……及至昨日始行首途北上，同行者有本党中央执行委员谭平山、杨匏安，及翻

羅文幹、王寵惠、馬素等皆親往、（十二日）

●國民黨中央全體會議開會
▲組織軍事委員會
▲改選中央各委員

（漢口）中央執委會十日開全體大會、推譚延闓主席、秩序如下、一致開會詞、二爲陣亡烈士默哀、三黨務報告、四政府報告、五討論提案、（甲）統一黨的指導案、（乙）軍事委員會組織大綱案、（丙）改選常務委員案、（丁）改選政治委員案、（己）推定通電案、（戊）改選中央黨部各部長宣言起草委員案、（十日下午三鐘）

（漢口）中央全體會議十日開會、有收消生席、提高黨權等議案、蔣介石電漢、准十日來鄂、（十日下午三鐘）

（漢口）中央執行委員會七日晚在南洋三樓開預備會、票選譚延闓、孫科、徐謙、宋慶齡、顧孟餘爲主席團、十日開正式全體會議、提案被推爲大會秘書長、（九日下午三鐘）

（香港）譚平山楊匏安十日由廣州乘飛機赴鄂、參加中央大會、（十二日下午八鐘）

（香港）海軍處黨部十日電請汪銷假、海軍處黨代表接蔣介石五日電、（十二日下午八鐘）

應請汪主席銷假

●昨日閣議挽留任可澄

（北京）十二日閣議、到顧胡張潘四閣員、餘次長代、（一）討論挽留任可澄、（二）黑財廳薰召棠免、另任張星桂繼任、黑政務廳汪維城捕授、龍江道薰召棠補授、所有原任綏蘭道尹王樹翰等免職、（三）黑警務處兼警廳長高雲昆另委、以劉德燆繼、又顧報告、蘇聯代使抗議扣留俄船

1927年3月13日上海《申报》载关于杨匏安赴湖北的消息

译等数人"。上海《申报》3月13日和3月22日分别报道，"谭平山杨匏安十日由广州乘飞机赴鄂，参加中央大会"；"谭平山、杨匏安二十日始乘车赴韶换乘飞机赴鄂，如飞机未到，则步行入湘转车赴武昌"。的确是一波三折，可见当时国民党反动派的险恶用心。

一开始，为了摆脱广州的革命势力，蒋介石曾主张迁都武汉，后又借口"政治与军事发展起见"要求改都南昌，将部分中央委员截留在南昌，并阻止杨匏安等政要赴武汉，挑起"迁都之争"，企图将国民党中央和国民政府置于其控制之下。这时，共产党人和国民党左派在武汉掀起了一场提高党权、反对独裁的斗争，挫败了蒋介石的图谋，最后定都武汉。

1927年3月10日至17日，国民党在汉口召开了二届三中全会，会议重申反帝反封建的革命立场，遵守孙中山制定的革命政策，同时在一定程度上剥夺和限制了蒋介石的权力。3月底，国民党中央常务委员扩大会议决定派杨匏安、刘尔崧、陈剑如等7人为改组广州特别市党部筹备委员。

然而，这时蒋介石军事独裁局面已经形成，国民革命面临着越来越严重的危机。国民党广州市党部发通告拒绝武汉发出的改组令，改组筹备委员陈剑如知难而退，甚至主动辞职。广东的国民革命运动面临厄运，反动分子在全省各地制造的破坏工农运动的恶性事件不断发生。作为北伐后方的广东，此时已是"阴云密布"，局势异常严峻。虽然国

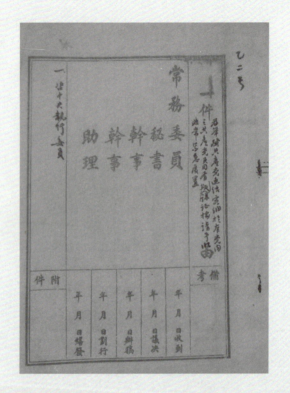

国民党"清党"名单，杨匏安位列其中。

民党二届三中全会免去了蒋介石的国民党中央常务委员会主席等职务，但仍由他担任国民革命军总司令，军权并未削弱。肆无忌惮的蒋介石在上海制造了四一二反革命政变。4月15日又在广州发动反革命大屠杀，仅7天被捕者即达2100人，其中共产党员约600人。著名共产党员刘尔崧、邓培、熊雄、萧楚女等被捕后，壮烈牺牲，广东全省笼罩在白色恐怖之中。这也标志着以国共两党合作为基础的革命统一战线在广东已破裂，广东的国民革命已归于失败。

此时，杨匏安在武汉参与声讨蒋介石血腥屠杀政策的运动。1927年4月22日，部分国民党中央执行委员、中央候补执监委员、国民政府委员和军事委员会委员在《汉口民国日报》联名发表讨蒋通电，由杨匏安与汪精卫、孙科、谭平山、吴玉章、宋庆龄、何香凝、毛泽东等40人共同署名。电文指出蒋介石"已由反抗中央而进于自立中央"，并痛斥蒋介石为了博得帝国主义欢心，"更不惜屠杀民众"作为见面礼，沦为帝国主义的工具。电文呼吁民众如果不忍心看着即将成功的革命大业毁于蒋介石之手，就要依照中央的命令"去此总理之叛徒，本党之败类，民众之蟊贼"。

在大革命生死存亡的紧急关头，中国共产党于1927年4月27日至5月9日在武汉举行第五次全国代表大会。出席大会的代表82人，代表党员57967人。大会在共产党的历史上第一次选举产生中央监察委员会。杨匏安出席了会议，被选为中共中央监察委员会7位委员之一。

中共五大会址

中共五大之所以组建中央监察委员会，与这一时期迅猛发展的党组织亟待纯洁队伍、加强自身建设有密切关系，是党组织完善制度建设的内部需要。从1925年1月中共四大召开到中共五大召开前夕，仅仅两年多，党员人数已由994人发展到57967人，人数呈几何倍数增长。同时，联共（布）、中共广东区执行委员会成立监察委员会的成功实践，也为中央监察机构的成立积累了国外、国内的宝贵经验。而杨匏安当选中共中央监察委员一职，则与其在广东区委担任监察委员的工作经历有关。

这时，国共合作方针在武汉仍得到继续贯彻。会议期间，由谭延闿、徐谦和孙科组成的国民党代表团还到会祝贺，汪精卫也应邀列席了一天会议。但此时的汪精卫已经开始对国民革命发生动摇，他终究和蒋介石是一丘之貉。

与此同时，远在广东的追随蒋介石的国民党广州政治分会却更加肆无忌惮，在1927年5月6日召开的国民党广东省执行委员会二届二十七次会议上，提出开除杨匏安的国民党党籍的议案。5月下旬，该分会甚至发函广东省政府通缉杨匏安。

对于通缉令，杨匏安毫无惧色。同在5月6日这一天，武汉国民党中央召开常务委员会扩大会议，讨论组织闽粤桂三省党部驻汉办事处，由杨匏安与武汉公安局长江董琴负责。之后杨匏安连续数日在《汉口民国日报》上发布《闽粤桂三省党部驻汉办事处启事》，说明在汉口铭新街洪春里六号成立三省党部驻汉办事处，负责接待福建、广东、广西三地因遭反动派压迫而流亡至武汉的革命同志。杨匏安以办事处名义向社会各界揭露国民党反动派摧残工农运动、逮捕青年学生、买通土匪、屠杀革命人民的血腥罪行，号召大家救同胞于水火之中，共同倒蒋。6月14日，闽粤桂三省党部在《汉口民国日报》发表宣言，痛斥蒋介石的反叛行为，表示坚决拥护国民党中央最近发布的各项政策和命令。

在武汉期间，国民党中央执行委员会组织了"被难同志救恤会"，指派杨匏安等5位同志为救恤会委员，杨匏安和吴玉章被推举为救恤会常务委员，办理日常事务。同时，在6月29日汉口召开的中国济难会全国总会及各省干事联席会议上，杨匏安又被推举为中国济难总会干事会委员，为调查各地被难同志的事迹，组织救济做了许多工作。

1927年7月15日，以汪精卫为首的武汉国民政府召开"分共"会议，决定与共产党决裂。随后，汪精卫即表示愿意与蒋介石为首的南京国民政府"和平统一"，促成"宁汉合流"。至此，国共合作全面破裂，轰轰烈烈的大革命宣告最终失败。

1927年8月1日，在以周恩来为书记的中共中央前敌委员会的领导下，共产党掌握和影响下的军队两万多人，在南昌打响了武装反抗国民党反动派的第一枪。同一天，《南昌民国日报》以显著版面登出了宋庆龄等22人声讨蒋介石、汪精卫的《中央委员会宣言》。宣言揭露并斥责了蒋介石、汪精卫背叛孙中山的反革命罪行，鲜明地提出了反帝反封建的正义主张，号召大家"誓遵总理遗志奋斗到底"，"为本党真正之革命主张奋斗到底"。杨匏安在这一宣言上署名。

1927年8月7日，中共中央在湖北汉口召开紧急会议（即八七会议）。会议总结大革命失败的教训，讨论党的工作任务，确定了实施土地革命和武装起义的方针。杨匏安以中共中央监察委员的身份参加了这次重要会议。

八七会议明确提出，党的现实最主要的任务是有系统、有计划地、尽可能地在广大区域内准备农民的总暴动。认为农民运动的主要力量是贫农，决定调派有斗争经验的同志，到各主要省区发动和领导农民暴动，组织工农革命军队，建立工农革命政权，解决农民土地问题。这是共产党对中国革命认识上的一个重大进步。早在1927年3月赴武汉之前，杨匏安已着手开展农民运动，为了解相关情况，他还到广东省农民协会工作了一星期。后来因为去武汉参加国民党会议，到农村工作的计划没有达成。

广东省农民协会旧址

八七会议旧址

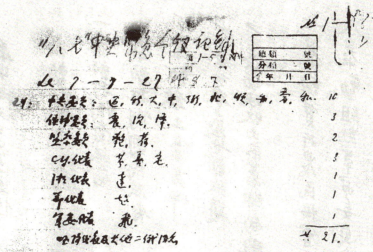

八七会议记录，其中监察委员中的"匏"就是杨匏安

大革命失败后，在上海汇聚着大批寻找革命出路的青年人。在这些人当中，有些是与蒋介石决裂或被国民党开除的左派民主人士，有些是失去了组织关系的人员，他们既不赞同共产党的主张，也不赞同蒋介石、汪精卫等背离孙中山的三民主义，准备建立所谓"第三党"。

此时，有传闻称杨匏安是第三党的发起人之一，杨匏安也可能因此受到了处罚，甚至"无法行使作为中央监察委员会副主席的职权"。为澄清事实，杨匏安撰写了《所谓第三党》一文，发表在1928年2月13日中共中央机关刊物《布尔塞维克》第17期上。对于不实传闻，杨匏安进行了驳斥：

> 据说近来广东有所谓第三党的组织，在共产党与国民党之外另树一帜的第三党，他的名称叫做"大同党"，这倒是一个国粹名字。我其初以为是康有为的徒子徒孙玩的把戏；因为康有为曾著过一本《大同书》；但是孙中山也录写过一篇礼运大同的墨宝；那么，与国民党又似乎不无关系，大概是辛亥俱乐部的变相罢！谁知都不是。传闻内部有些"共产分子"在那里主持，而且我也被推为发起人之一。这真令我惭愧到无地自容，承他们错爱，把黄袍加在我身上；然而于我却等于无妄天灾。也许他们以为我在国民党内充当苦力有年，中机会主义毒害一定很深，颇有做他们发起人的资格吧？！

杨匏安进而指出，"第三党完全是徘徊在革命与反革命之间的游魂"，只想在资产阶级和工农阶级的斗争中做个调解纠纷的人。但是，"中国革命的前途，不是豪绅资产阶级投降了帝国主义，变相的国际共管的形式统治中国；就是工农直接革命，夺取政权，建立苏维埃政府。其间并没有回旋余地"。第三党的鼓吹者想替中国革命另外找一条生路，实际上是不可能的，因为这条路"只是在知识分子的脑子中存在"。杨匏安认为，第三党没有阶级立场，也没有群众基础，自然就没有可行的纲领，不过是革命进程中的"点缀"，不久就会消失，归化于反革命党的国民党，原因是他们根性是"不革命"的。

这篇文章分析得有理有据，立场鲜明，体现了杨匏安具有坚定的共产主义信念。即使在大革命已经失败，他本人又受到错误处分的情况下，仍然怀着对革命事业的忠诚和热爱。

二、到南洋执行共产党的任务

1927年底，杨匏安受党组织委派到南洋（东南亚等地）从事党的工作。中共在建党初期就积极探索组织发展机制，较早建立了国外党组织，如中共南洋临时委员会。后来，广东党组织还建立了中共两广区委海外革命运动小组。由于档案未解密，我们还不清楚杨匏安在南洋工作的详细情况。根据亲历者回忆，杨匏安参与了安置被难同志的工作。张玉阶的儿子张志荣就谈到，其母亲古妙珍和海员朋友都传颂过杨匏安在南洋营救张玉阶的事迹。张玉阶是海员工人，曾参加

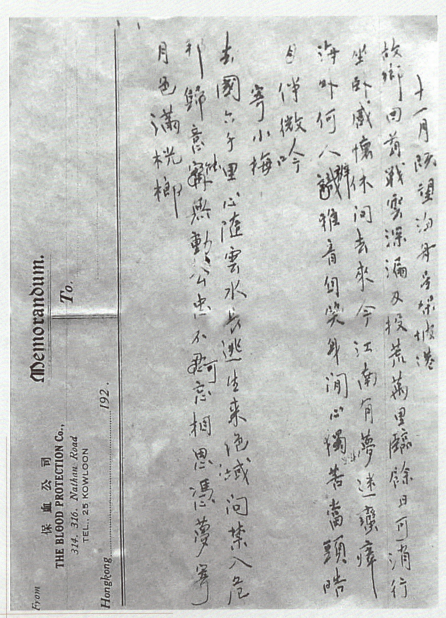

杨匏安给霍志鹏邮寄的两首诗作

过香港海员罢工和广州起义。起义失败后他到了新加坡，成为中共新加坡特委负责人之一，后不幸被捕。杨匏安在乡亲中募集资金，请了著名律师到法庭上为张玉阶辩护。但张玉阶怀着誓死不屈的决心，当庭大呼："打倒帝国主义！"后被判处无期徒刑，不幸病逝狱中。

在新加坡，杨匏安曾寄回两首诗给上海的堂妹夫霍志鹏。霍志鹏又名霍梅，是杨匏安堂妹杨少琴之夫，上海南洋烟草公司的工人。夫妻二人均为中共派驻上海的地下工作者。据霍志鹏之女霍宝莲回忆，其父幼时曾感染天花，长辈们担心他养不大就为其取名"小梅"。白色恐怖时期，霍志鹏经常为党秘密传递信件，冒险掩护我党领导同志。八七会议后，杨匏安离开汉口，曾在霍志鹏上海的家中短住。

杨匏安诗作之一《十一月既望泊舟星架坡港》，诗文如下：

> 故乡回首战云深，漏刃投荒万里临。
> 余日可消行坐卧，感怀休问去来今。
> 江南有梦迷蛮瘴，海外何人辨雅音？
> 自笑身闲心独苦，当头皓月伴微吟。

此诗平仄对仗工整，寓意很深。大意是：祖国故乡正笼罩在战火的阴云中，我侥幸逃脱，不得已来到这离祖国万里远的地方。闲暇的日子里，时间过得飞快，无论是过去、现在还是未来，都是弹指一挥间。在这荒凉的南方似乎可以做美梦，但海外有谁能与我应和呢？自嘲虽然清闲但内心苦楚无人知，只有当头明月陪伴我小声吟咏。诗人牵挂祖国的革命事业，又空有满腔抱负却无用武之地，无奈之感跃然纸上。

诗题中的"既望"意为农历十六日，表明杨匏安可能于1927年农历十一月十六日（公历12月9日），坐船经过新加坡港，此时正是广州起义的前夕。不知写下此诗时，杨匏安是否知道一场震惊中外的广州起义已在酝酿之中。1927年12月11日，中国共产党在广州领导工人、农民和革命士兵举行了反抗国民党反动派的武装起义，当天上午宣告建立广州苏维埃政府，成为中国共产党领导建立的第一个大城市苏维埃政权。经过三天浴血奋战，因敌我力量悬殊，起义失败，大批共产党人和革命群众惨遭屠杀。据杨匏安的堂弟杨青山回忆，12月13日，在起义军撤离广州时，广州苏维埃政府秘书长恽代英曾拿出两筒银元要他转交给杨匏安的母亲。因为恽代英考虑到杨匏安在外地，无法照顾家中老小。如果当时身在南洋的杨匏安知道远在国内的亲密战友在起义失败后紧急撤退的最危急时刻，还惦记着自己的家中老小，他多少会有些慰藉吧！

第二首诗作题为《寄小梅》，写道：

去国六千里，心随云水长。

逃生来绝域，问禁入危邦。

归意能无动？公忠不可忘。

相思凭梦寄，月色满桄榔。

广州苏维埃政府旧址

此处的"小梅"是何人，杨匏安后人认为就是霍志鹏（霍梅），但也有人认为是中共中央的代称。结合前一首诗作《十一月既望泊舟星架坡港》的内容来看，前诗侧重抒情，苦闷之情溢于言表，杨匏安应当不会将它作为向党组织汇报的内容，否则有满腹牢骚之感。而写在同一张信纸上的《寄小梅》也不会是汇报内容，可能就是寄给霍志鹏的。霍志鹏既是亲人也是同志，向他表达自己身处异国但壮志未酬，对未来充满迷茫的心态比较合理。"相思凭梦寄"是对家乡、对亲人的思念；"归意能无动"是对回国投入革命斗争的渴望；"公忠不可忘"既是杨匏安自己践行的理念，也是对革命同志的勉励，表达了他对党对人民矢志不渝的忠诚，体现了一位共产党员的坚定初心和革命本色。

三、不畏艰险地从事党的地下工作

1929年，杨匏安来到上海的中共中央机关工作，秘密参与党的报刊编辑出版。他的家人也由党安排迁来上海，分散住在党的印刷所或交通机关，一家老小经常为党组织递送材料和情报。

这一时期，中国学界兴起了西学翻译潮，人们通过翻译把中学、西学融会贯通，出现了一批影响重大的译著。明末思想家徐光启曾说的"欲求超胜，必先会通；会通之前，必先翻译"，是此时翻译思潮的一个重要注解。而杨匏安也成为潮流中的一分子，积极开展编译工作。

杨匏安参考了同志们从苏联东方劳动大学和莫斯科中山大学带回国的西方革命史讲义等材料，编译成20余万字的《西洋史要》，署名为王纯一，于1929年7月在上海南强书局出版。此时的中国虽然笼罩在国民党反动统治的白色恐怖中，马克思主义仍得到进一步传播。《西洋史要》也是我国较早出版的用马克思主义的历史唯物主义观点写成的一部西洋史著作。

该书一共18章，描述了西方封建时代、商业资本时代、农民战争、资产阶级革命等各个时期的历史发展，还着重介绍了英国工业革命、法国大革命、欧美民族解放运动，以及第一国际、第二国际等内容，是一部较为完整的西洋革命史。书中重点描写了农民阶级、工人阶级在推动历史中发挥的重要作用，围绕着生产力与生产关系，经济基础与上层建筑的矛盾展开，具有鲜明的马克思主义立场，这在当时是具有先进性的。

书中还介绍了中国农民战争的情况，指出"农民暴动和战争，不仅发生于欧洲，大凡商业资本存在过的地方，总是免不了的"。简要叙述了最早从秦朝末年的陈涉称王到西汉末年绿林赤眉起义，到东汉晚期的黄巾起义，再到唐末的黄巢之乱，元朝和明朝的农民暴动，及至清末的太平天国起义的历史。指出中国农民战争与西方的屡屡失败不同，农民曾经几次取得政权，但该政权并不能始终代表农民利益，且很快就成为压迫农民的政权，主要原因就是"农民不能单独的去巩固自己的政权，经过一次革命之后，旧地主的势力未完全摧毁，新的地主阶级又复形成，而当时领导农民战争的草泽英雄，一旦做了帝王，便即腐化"。这些观点基本符合马克思关于农民战争问题的经典论述。

《西洋史要》多处论及"商业资本"这一概念，显然是受了苏联的政治活动家、共产主义宣传家拉狄克的影响。拉狄克是西方革命史的权威，也是中国历史专家，曾于1925年冬至1927年夏间，担任莫斯科中山大学的校长。拉狄克也被称为最早运用"商业资本"概念来解释中国历史的学者，虽然国内有不少学者对此持不同意见，但它仍对中国史学产生了一定影响。

之后，杨匏安又翻译了拉比杜斯著的《地租论》，并从《列宁全集》中选译了《1905年—1907年俄国革命时期社会民主工党的土地纲领》，以"伊里儿的地租论"为题作为附录，此外还编译了"苏联经济中农民分化过程的特征"的专题资料，合为《地租论》一书。此处的"伊里儿"（伊里奇）正是苏联的主要缔造者、著名的马克思主义者列宁。拉比杜斯是苏联经济学家，1924年毕业于莫斯科大学医疗系后，在高等学校讲授政治经济学，对宣传马克思主义的经济理论起过积极作用。

杨匏安编译《地租论》的目的是吸收借鉴西方和苏联处理地租问题的经验。全书共3章，分别概述资本主义经济中

《西洋史要》

《地租论》

的地租、资本主义以前的地租形式和小农经济中的地租问题、苏联经济中的地租问题。每一章后还有自修材料，设置了问题与习题，以测试学习效果，培养应用能力，可以视为一本很好的教材。

《地租论》于1930年7月在上海南强书局首版。此时，中国共产党领导的人民革命斗争进入土地革命战争时期，这也是最艰苦的年代。中国共产党在革命根据地开展轰轰烈烈的土地革命，迫切需要新思想来指导制定土地革命路线和相关政策，解决土地革命的基本问题，所以一批有关地租的译作应运而生。如，日本社会思想家高畠素之的《地租思想史》于1930年至1931年两次被国内翻译刊印；1931年，日本学者河上肇的《马克斯底绝对地租论》被翻译刊印；1932年，上海黎明书局出版了经济学家郑学稼（早年曾留学日本，后赴中国台湾，某些著作有明显御用色彩）的《地租论》。郑学稼在自序中提到"在没有全面地研究农民问题之前，应先探讨地租的范畴。如果不了解地租的意义，地租范畴之辩证的发展，地租与其他分配范畴之相互的联系，那么就无由把握了所欲研究问题的对象，也就是不能够圆满地或且正确地理会了农民问题。"这也是20世纪30年代初期国内出现一批有关地租论的译作的重要原因。

杨匏安的《地租论》是各种译作中的佼佼者，到1936年，该书已再版了5次。而这种影响力也延绵至今，2016年上海社会科学院出版社影印出版《民国西学要籍汉译文献》

系列丛书时，再次将此书列入"经济学"分辑之中，近百年前的经济学著作仍然滋养着当今的学者。

也正是在开展《地租论》编译工作之时，杨匏安第三次被捕入狱。1930年初，杨匏安所在的《红旗》报印刷机关遭到敌人破坏，他因此被捕关进了上海提篮桥监狱。周恩来等中央领导同志知道后，立即进行营救。周恩来还冒着白色恐怖的危险，去看望杨匏安的家人。所幸的是，杨匏安这时用的是化名，并未暴露真实身份，在提篮桥监狱关了8个月后，终于获释。

在上海时，杨匏安还参与了太阳社的活动。太阳社是1928年成立于上海的革命文学社团，最初其成员大都是大革命失败后从实际斗争中转移到上海从事文化活动的共产党员。该社在中共中央的支持下，以无产阶级政治纲领和组织原则作指导，强调文艺为革命斗争服务，在革命文学的理论宣传和创作实践上起过积极作用。其主要刊物是《太阳月刊》。杨匏安曾用笔名在该刊物上发表文章。1930年3月，太阳社并入中国左翼作家联盟。

值得一提的是，此时杨匏安的义妹康景昭也来到上海，加入了著名戏剧家田汉创办的南国社，并参加戏剧的公演。演出之余，她经常到杨匏安家，帮忙誊抄《西洋史要》等书稿。康景昭也创作了长篇小说《狱中记》，署名康白珊，在《南国月刊》1929年第1卷第2期上开始连载。《狱中记》是康景昭根据狱中亲身经历写成。1927年12月广州起义失败后，康

上海提篮桥监狱

景昭和黎演荪夫妇二人被捕入狱，黎演荪不久就被国民党反动派杀害。1929年初，经田汉全力营救，康景昭终于出狱，得以在上海与杨匏安一家团圆。

四、忠贞不屈，为革命事业献身

杨匏安出狱后，和家人一起居住在上海公共租界东有恒路（今东余杭路）2048号，这也是共产党的一处地下秘密据点。

1931年春，按照中共中央的指示，杨匏安同阮啸仙等人一起举办了"中国革命互济会政治训练班"。这实际上是中共中央的干部训练班，主要培训来自全国各省的中高层党员领导干部，大约一个月举办一期。第一期学员约30至40人。杨匏安与阮啸仙等4人为教员，主要负责农民运动及政治理论课程。中国革命互济会前身是1925年9月在上海成立的中国济难会，是中国共产党领导的革命群众团体。1929年12月改称中国革命互济会，总会设在上海，其主要任务是营救被捕的革命者，救济死难革命者的家属，援助被压迫群众，反对白色恐怖等。1930年9月被国民党反动派查封，被迫转入地下。在白色恐怖的环境中，杨匏安为反对帝国主义和国民党反动统治的斗争作出了贡献。

这年夏天，一场因叛徒胡长源向国民党反动派告密引起的恐怖逮捕行动正在铺开。1931年7月25日早晨，一批国民

党特务和公共租界的巡捕，冲入杨家把杨匏安逮捕了，随后
将他关押在汇山捕房。这是杨匏安第四次入狱。汇山捕房的
送案单上还写着杨匏安被抓时的情况：身带五元票一张、一
元票两张、眼镜一副，还有共产党传单。在汇山捕房接受审
问时，杨匏安自称陈君复，别无其他口供。第二天他被解往
江苏高等法院第二分院。之后国民党淞沪警备司令部致函第
二分院，指控陈君复即杨匏安，并出示了照片，要求引渡杨
匏安，还声称是南京来文指名要抓他。庭审结束后，杨匏安
又被引渡到国民党淞沪警备司令部设在南市区白云观的侦缉
队关押。之所以会有如此针对性的抓捕，是因为叛徒胡长源
当时在上海从事党的秘密工作，与杨匏安等人有密切往来。
此次一起被抓的还有另外20多名同志，这也使得中共在上海
的地下工作遭到重大损失。

　　设在白云观的侦缉队是敌人对政治犯刑讯逼供的地方，
关进去的人都要受刑，被称为"鬼门关"。由于杨匏安在国
民党内很有影响力，所以在关押期间敌人并未对他用刑，甚
至还想收买他。蒋介石多次派说客去同杨匏安谈话，许以高
官厚禄，杨匏安嗤之以鼻。敌人劝降不成，又以处死相威
胁，杨匏安慷慨地宣称："我从参加革命开始，就把生死置
之度外，死可以，变节是不可能的！"狱中同志无不为之感
动。

　　杨匏安被白云观侦缉队关押审问后，又被解到龙华国民
党淞沪警备司令部看守所，这意味着案子已经结束，等待处

理。在狱中，杨匏安还秘密传出了一张纸条给家人，叮嘱家人不要接受敌人的钱和物，如果不能在上海生活就回南方，"玄儿不可顽皮"，"缝纫机虽穷不可卖去"。在生死关头，杨匏安还在告诫家人不可收受不义财物，不可卖去谋生的缝纫机，要自食其力。玄儿是杨匏安的长子杨宗玄（杨文达）。一句"玄儿不可顽皮"，既是一位父亲对孩子的疼爱和殷切希望，也是一位儿子对母亲、一位丈夫对妻子的体谅和爱惜，革命者为了党的事业甘心情愿舍小家而顾大家的精神感人至深。

在就义前，为勉励难友保持斗志，杨匏安曾写下《示狱友》一诗：

慷慨登车去，相期一节全。
残生无可恋，大敌正当前。
知止穷张俭，迟行笑褚渊。
从兹分手别，对视莫潸然！

诗的前四句大意是：慷慨地登上囚车，希望能够保存气节，残生并无可留恋之处，因为大敌正当前。第五、六句巧妙运用张俭、褚渊的典故。张俭是东汉名士，为人刚正不阿，党锢之祸时遭宦官诬告被迫流亡出逃。在逃亡时，张俭见有人家就去投宿，世人敬重张俭的德行，冒着家破人亡的危险保护他。褚渊是南北朝人，宋明帝刘彧曾称其步履从

上海龙华国民党淞沪警备司令部旧址

容，有宰相风度。刘彧临死前曾托褚渊扶助幼主，协理国是。但褚渊却出卖幼主转而投靠野心勃勃的萧道成，时人皆不耻褚渊的行为。一忠一奸、一得民心、一遭唾弃，既勉励难友要学习张俭的名士气节，坚持斗争，又告诫不可像褚渊那样投敌叛变，为后人耻笑。第七、八句又是互相劝慰，这次虽即将分别，但我们对视时请不要伤心流泪，因为胜利终将属于我们。充分表明了杨匏安将生死置之度外的大无畏精神。后来，周恩来还经常吟诵这首大义凛然的诗篇，并用它教育处在艰难环境中的同志。

这首诗有多种不同的版本。前文是由杨匏安的次子杨明（杨宗锐）于1945年在邓颖超处摘抄的。而目前可查最早的版本见于1934年6月30日《社会新闻》刊载的《杨匏安与罗绮园之死》一文，称此诗是杨匏安在监房墙壁上题写的，内容为："慷慨登车去，相期一节全。残生无可恋，大敌正当前。投止穷张俭，临行笑褚渊。行矣从此别，相视莫潸然。"此外，还有20世纪30年代《北洋画报》《动向》等报纸杂志刊载的，以及亲历者回忆的不同版本，但仅有个别词句不同，诗词原意相差无几，不影响整体思想。作诗是反复修改的过程，从第一次灵感迸发到诗句最后定型，有可能地点并不在一处，且字词已经多次推敲打磨。而诗文在狱友中传诵，或誊抄在墙壁上，或口口相传，甚至流传出监牢之外，都经过无数人之口，无怪乎有多种版本。

杨匏安被捕后，党组织曾通过宋庆龄、何香凝出面营

上海龙华国民党淞沪警备司令部看守所男牢复原图

救。但国民党反动派很快就下达了就地秘密枪决的命令。1931年8月，杨匏安在国民党淞沪警备司令部看守所牺牲，年仅35岁。杨匏安的一生是革命的一生，战斗的一生，他的英雄事迹和不朽诗文，将永远存留在人民的心中，他坚定不移的革命信念和舍生取义的革命精神，将永远映照人们前进的路！

第七章

人民心中的丰碑

　　杨匏安一生坚持原则，清正廉洁，他的革命行为也深深地影响了家人。杨匏安的家人在白色恐怖时期一直为党的地下工作作掩护，放哨、传递情报等，即使处境极度艰难，也始终支持革命事业。

　　杨匏安牺牲后不久，1932年1月28日，日本侵略者突袭上海闸北驻军，随后又进攻江湾和吴淞地区，战斗十分惨烈。杨匏安的家人仓促从战区撤离，此时他们与党组织已失去了联系，在战乱中，一大家人几近绝望，只好离开上海回到广东。由于生活极端困苦，大家不得不分开谋生。妻子吴佩琪带着小女儿在广州杨家祠生活，次子杨明和长女杨绛辉被送到孤儿院；杨母陈智带着孙子杨志和杨文伟回到南屏乡北山村；长子杨文达先后到东莞、香港打工；庶母关秀英则到了澳门讨生活。一家人流离失所，妻离子散，令人无法想象他们居然是生前曾在国民党担任中央常委一职的杨匏安的亲属。之前，杨匏安担任国民党广东省党部组织部部长时，他的月薪有300大洋，但他只留下一小部分作为家庭生活用度，其余都作为中共党组织的活动经费，家中并无积蓄，也未曾买田置业，否则一家人也不致困顿至此。

作为杨匏安的家人，他们都深知杨匏安从事的革命事业是危险的，因为他们眼见身边的亲朋故交一个个倒下，从此音讯全无，但他们更知道他追求的是正义的、光明的伟业，所以全家人都坚定地支持他，并与他并肩站在一起，成为他的战友。杨匏安遇难后，他们毫不犹豫地继承了他的遗志，为党的事业继续奋斗。

1937年，孤苦的妻子吴佩琪在贫病交加中去世。此前，周恩来打听到他们的下落后，委托何香凝将杨匏安的子女从孤儿院接出来，还送杨匏安的次子杨明进仲恺农业工程学院读书。杨明1936年参与组织中华民族抗日先锋队广东分队，1938年到达延安，得到周恩来、邓颖超的关爱，先后入读中国人民抗日军政大学和马列学院。后在党中央电台工作，为保卫延安和保障党的指挥系统通畅，夺取解放战争胜利立过功。新中国成立后，他先后在邮政部、解放军通讯部门工作，还参与了航天部第二研究院的组建工作。1998年逝世。

在抗日战争期间，杨母陈智与庶母关秀英与党组织取得了联系，他们带着孙子孙女在香港的秘密机关工作。陈智病逝后，关秀英与杨匏安的长女杨绛辉、四子杨文伟、党的地下工作者王裕寿组成革命家庭，先后在香港和澳门工作，掩护党的地下电台。后来杨绛辉与王裕寿成婚，杨文伟也跟着王裕寿学习无线电技术。杨绛辉于1943年病逝。

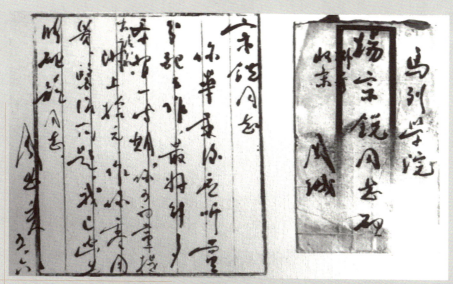

1941年，杨明在马列学院毕业之际，周恩来给杨明写信，叮嘱他工作要服从党的安排，并附上十元作为零用。信中的杨宗锐即杨明。

杨匏安长女杨绛辉

杨匏安的四子杨文伟、长子杨文达、次子杨明、三子杨志（左起）

新中国成立后，关秀英到北京工作，曾任北京市宣武区政协委员，1964年逝世。

杨匏安的长子杨文达在抗日战争时期参加骑兵队奔赴前线，曾被授予中校军衔。1942年他在重庆与周恩来取得联系，后被派到朝鲜义勇军工作，曾为解放区运送大批军需物资。后服从组织安排在国民党军队中从事秘密工作。1994年在香港逝世。三子杨志于1939年在周恩来和廖承志的安排下，到延安自然学院学习。在解放战争中，杨志曾参加东北四平保卫战，当过武工队队长。新中国成立后，先后在海南、云南工作，后任广东省林业厅副厅长。1989年在广州逝世。四子杨文伟于1945年被党组织安排到广东抗日游击队东江纵队的司令部电台工作，之后随着司令部北撤山东，调任中央军委华东社会部工作，积极为华东战场历次战役提供军事情况。1984年于福州军区离休，现居珠海市。

杨匏安的家人们各人境遇不同，但都为革命事业贡献了力量。这与杨匏安的言传身教是分不开的。后来，杨匏安的儿子还常常回忆起父亲教育他们的往事：

父亲当时身居要职，在共产党和国民党内都有很高的地位，因此免不了有些人找上门来，要求介绍工作，安排职务。对这些问题，父亲总是坚持秉公处理，丝毫不讲私情。他常说：做人要脚踏实地，光明磊落；告诫我们不要做贪小便宜、不干不净的事情。有一年中秋节

珠海杨匏安陈列馆的展览

杨匏安旧居陈列馆（广州杨家祠）

有人送来几盒月饼，没有留下姓名住址就走了。父亲回来看到后十分生气，一定要家里人探清来处，把月饼退回去。又有一次，省港罢工委员会在杨家祠发放一笔捐款，草袋里剩下一枚两毛钱的银币，被我们检（捡）到了。父亲发现后对我们说："这是公家的钱，一分文都不能要。"要我们把钱送回去。这两件小事，在我们心中留下很深的记忆。周恩来不止一次对我们说过："你父亲为官清廉，一丝不苟，称得上是模范！"

党和人民也没有忘记杨匏安。1986年，为纪念杨匏安烈士90周年诞辰，珠海市委、市政府为其竖立塑像。塑像由著名雕塑家潘鹤创作，耸立于海滨北路的香炉湾畔。1996年，中山大学历史系李坚编辑了《杨匏安文集》，由中央文献出版社出版。同年，上海龙华烈士陵园为杨匏安建立墓碑，还在陵园碑亭中刻下了杨匏安的就义诗。1999年，李坚编辑出版了《杨匏安史料与研究》，收录了许多珍贵的史料、亲历者的口述、回忆材料，以及各类研究文章，成为后学研究杨匏安的基础资料。2003年，珠海市将原北山小学改名为"珠海市香洲区杨匏安纪念学校"。2006年，珠海市举行纪念杨匏安烈士110周年诞辰研讨会，2008年珠海市社会科学界联合会编辑出版了《杨匏安研究文选》。这一时期，一批学者先后为杨匏安写传，进一步拓宽了研究的广度和深度。

2018年12月15日，珠海杨匏安陈列馆（新馆）开馆，展

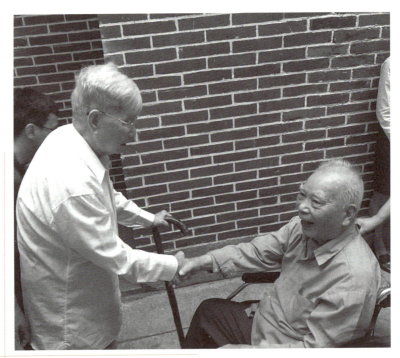

杨匏安四子杨文伟（左）与中山大学李坚

示了杨匏安的成长史、生平事迹及其著名作品等内容，成为珠海市开展党员干部主题教育的重要场所和爱国教育基地。

此时，广州的杨家祠作为杨匏安曾经生活和战斗长达十年的地方，也逐渐引起人们的重视。2018年12月7日，广东省人民政府召开保护修缮杨家祠工作会议，决定从省政府城乡资源保障工作专项经费中拨出经费用于开展杨家祠保护工程。一个月后，经过前期的调研和准备，杨家祠保护工程正式启动。毛泽东同志主办农民运动讲习所旧址纪念馆承担了杨家祠本体修缮工作暨展示项目，于三个月后不辱使命地完成了"华南明灯——杨匏安旧居革命历史陈列"。2019年4月

30日，在开馆仪式上，杨匏安四子杨文伟用钥匙开启旧居陈列馆大门推门而入，宣告杨匏安旧居陈列馆正式对外开放，尘封历史得以重现于世人面前。仪式上，鲐背之年的杨文伟与期颐之年的李坚时隔多年后重逢，一位是烈士唯一一位在世的儿子，一位是研究烈士的权威专家，两位老人的手紧紧地握在一起，其情其景令人动容。7月，由中共三大会址纪念馆负责管理杨匏安旧居陈列馆，红色故事仍在续写。同年，南粤古驿道研究课题组编辑出版了《重返杨匏安烈士在广州的历史时空》一书，图文并茂地展示了杨匏安在广州学习、生活、工作的轨迹。随着研究的深入，越来越多杨匏安的研究著作逐渐涌现出来，也越来越多人走进杨匏安的世界，聆听他的故事，传诵他的赞歌，践行他的遗志。

斯人已逝，但杨匏安坚守初心、舍生取义的英雄气概和革命精神将永远留在人们心中！